KB253909

통제하는 삶에서 섬기는 삶으로

통제하는 삶에서 섬기는 삶으로

통제하는 삶에서 섬기는 삶으로

통제로 지친 삶에서 하나님이 주시는 평안으로

베벌리 브래들리 지음

Am I Controlling or Serving?

Living free from the exhaustion of control

홈앤에듀

- 헌정사 -

이 책을 당신에게 바칩니다.

오늘보다 조금은 더 가벼운 마음으로 살아갈 수 있는 길이

어딘가에 있을지도 모른다고 생각하며

이 책을 집어 든 바로 그 사람, 당신에게 말입니다.

그 길이 있다고 당신에게 말해주고 싶어요.

정말 그렇답니다.

예수님은 당신이 지금 어디에 있든

그 자리에서 당신을 만나주시고 이끌어 주고 싶어 하시니까요.

그분은 참으로 놀라운 분이세요.

그러니 깊게 숨을 들이마시고, 그분의 손을 잡아 보세요.

그분이 기다리고 계세요.

그분이 지금 당신을 부르고 있어요.

그 속삭임이 들리나요?

"나의 사랑, 나의 어여쁜 자야, 일어나서 나와 함께 가자."

- 아가 2:10 -

Am I Controlling or Serving?

Living free from the exhaustion of control

이 책을 집어 든 당신,

만나게 되어 정말 기쁩니다!

이 책은 제 삶의 여정에서 태어났습니다.

내 경험과 판단에 기대지 않고,

통제하려는 마음을 내려놓고,

주님의 마음을 신뢰하는 법을 배워 온

여정이었습니다.

저는 오랫동안 정말로

'도와주고 있다'고 믿어 왔습니다.

무언가가 무너지지 않도록

이끌고, 보호하고, 붙잡고 있다고 생각했지요.

그런데 시간이 지나며 깨달았습니다.

제가 '도움'이라고 부르던 많은 것들이
사실은 두려움과 자기 의에서 나온
행동들이었다는 것을요.
주님의 마음을 들으려 하기보다
스스로 책임져야 한다는
압박에 사로잡혀 있었던 것이었습니다.

성경 곳곳에서 특히
이세벨, 미리암, 마르다의 이야기 속에서
주님은 통제하려는 삶이 얼마나 지치고,
또 얼마나 많은 관계를 상하게 하는지를
보여 주셨습니다. 돌아보면 저 역시
많은 관계를 잃어왔음을 부인할 수 없습니다.

저는 이 책을
'이미 다 배운 사람'의 자리에서 쓰지 않았습니다.
오히려 여전히 주님의 신실하심 속에서 걸어가며,
주님이 제게
'통제하는 삶이 아니라 섬기는 삶이 무엇인지'
계속해서 가르쳐 주시는 그 길 위에서 주시는
마음과 깨닫게 하신 것들을 써내려갔습니다.

저의 바람은
이 책이 당신의 마음에도 조용히 말을 걸어
지금 내가 통제하고 있는지,
혹은 섬기고 있는지를
스스로 바라볼 수 있도록 돕는 것입니다.

그리고 주님께서 당신에게 주시는 초대,
쉬어 가고,
귀 기울이고,
그분의 사랑을 신뢰하는,
그 초대를 기꺼이 받아들이길 바랍니다.

주님의 사랑을 온전히 믿고 의지할 때 찾아오는
영혼의 심호흡을 하는… 그 평안으로
주님이 당신을 이끌어 주시기를 기도합니다.

당신이 주님의 품을 느끼길 간절히 바라며…
당신을 축복하는 제 마음도 함께 담아 전합니다.

1부
통제하는
마음의 실체

1장 회복 중인 통제자

지금 이 순간 당신과 마주 앉아 당신의 이야기를 듣고, 제 마음도 나눌 수 있다면 얼마나 좋을까 생각합니다. 그래서 먼저, 제가 성경을 펼 때마다 매번 하는 한 가지를 당신도 함께 해 보기를 권하고 싶습니다.

이 작은 습관은 몇 년 전, 하루에 몇 시간씩 성경을 읽으며 받은 은혜를 나누어 주던 제 친구에게서 시작되었습니다. 저는 친구가 전해주는 그 말들을 잘 이해하지 못했습니다. 그래서 이렇게 말하곤 했지요.

"나도 매일 성경을 읽어.
읽어야 한다는 것도 잘 알고 있어.
시편이나 잠언, 복음서도 열심히 읽지.
그런데 나는 네가 말하는 그 은혜는
잘 모르겠어."

그러자 친구가 저에게 기다렸다는 듯 대답을 해주었습니다. 그리고 그 말이 지금까지 저의 삶에 영향을 준 울림으로 남아 있습니다.

"베벌리,
매일 말씀을 읽기 전에 성경에 손을 얹고
'주님, 제가 말씀을 읽을 때, 당신의 마음

을 저에게 나타내 주세요.'라고 기도해봐.”

이 작은 책에 담긴 성경 말씀과 이야기들을 읽어 내려갈 때, 당신도 같은 기도를 드리기를 바랍니다. 하나님께서 당신에게 자신을 나타내 보여주시고, 그 과정 속에서 당신의 마음도 비추어 주시기를 기대하며 한 편 한 편 읽어 내려가기를 소망합니다.

우리 앞에 놓인 질문

이 책의 제목, 『통제하는 삶에서 섬기는 삶으로』를 바라보면 우리에게 자연스럽게 하나의 질문이 떠오릅니다. 일상을 살아가며, 나는 정말 섬기고 있는 것일까요? 아니면 사실은 통제하는 삶을 살고 있는 것일까요?

성경에서 '통제한다'는 개념은 '다스리다, 지배하다, 권세를 가지다, 권위를 행사하다'는 의미로 이해

됩니다. 마태복음 28장 18절에서 예수님은 이렇게 말씀하셨습니다.

> "하늘과 땅의 모든 권세를 내게 주셨으니."

궁극적인 권세와 능력은 오직 하나님께만 있습니다. 하나님만이 참으로 통치하실 수 있습니다. 그렇기에 우리가 통제하려는 마음은 때로 더 깊은 욕구, 곧 하나님과 같아지고자 하는 욕망을 드러낼 때가 있습니다.

창세기 3장에서 우리가 보는 것은, 하와의 유혹이 단순히 '과일 한 알'에 관한 이야기가 아니라는 사실입니다. 그 유혹은 사탄이 하나님의 성품에 대해 속삭인 거짓말에서 시작되었습니다. 하나님이 선하지 않을지도 모른다는 의심, 그리고 결국 자신을 보호하고 스스로를 책임져야 한다는 생각, 다시 말해 하나님처럼 되고 싶다는 생각이 하와 마음에 자라

나게 된 것입니다.

이 거짓말 때문에 하와는 하나님을 신뢰하기보다 자신을 지켜야 한다고 믿게 되었고, 자신의 삶을 스스로 통제하려는 길을 선택하게 되었습니다.

그리고 사탄은 수천 년 동안 동일한 속삭임을 우리에게 반복해 왔습니다.

"너희 아버지가 진짜 그렇게 말씀하셨다고?"
"너희 아버지가 정말 선한 것 같아?"
"아버지라면서 네가 이렇게 사는 게, 너를 돌보고 계시는 거야?"
"그 일이 일어날 때 너희 아버지라는 분은 어디에 계셨는데?"

이 교묘한 질문들의 끝은 언제나 같습니다.
두려움.

그것은 우리의 영혼을 갉아먹는, 정말 지치는 일입니다.

성경은 원수가 단순히 '나쁜 일을 하도록' 유혹하는 존재라고 말하지 않습니다. 그보다 훨씬 교활합니다. 다니엘 7장 25절^{새번역}은 그의 전략을 이렇게 밝히고 있습니다.

> "그가 가장 높으신 분께 대항하여 말하며,
> 가장 높으신 분의 성도들을 괴롭히며,
> 정해진 때와 법을 바꾸려고 할 것이다."

거짓말이 남기는 결과

원수의 전략은 언제나 동일합니다. 하나님의 성품에 대해 우리에게 거짓말을 하는 것입니다. 그리고 우리가 그 거짓말을 믿게 될 때, 곧 하나님이 누구신지 참되게 알지 못하게 될 때 우리는 상상할 수 있는 모든 종류의 혼란 속으로 들어가게 됩니다.

우리는 하나님이 어떤 분이신지 알지 못하면 두려움 가운데 걸을 수밖에 없습니다. 그리고 그 두려움이 만들어내는 가장 흔한 결과가 바로 통제하려는 욕구입니다. 하와는 하나님이 어떤 분이신지 온전히 알지 못했습니다. 그래서 두려워했고, 그 두려움에서 죄가 태어났습니다.

우리 모두는 죄 가운데 태어났습니다. 두려움 속에, 하나님이 정말 우리 편이 아니라는 속임 속에 태어났습니다. 그렇기에 자기 자신을 지키고 보호해야 한다고 믿으며 살아오게 된 것입니다. 하나님 아버지께서는 우리를 흔들고 넘어뜨리는 '두려움'이 우리 마음에서 사라지기를 간절히 원하십니다.

그리고 그 두려움을 몰아내기 위해 하나님이 사용하시는 것은 바로 그분의 사랑입니다. 온전한 사랑입니다. 거대한 파도처럼 덮치는 사랑입니다.

'온전한 사랑은 두려움을 내쫓는다.'(요일 4:18)

하나님의 사랑은 우리 안의 두려움을 몰아내며, 두려움이 사라질 때 우리는 더 이상 통제해야 한다는 압박을 느끼지 않게 됩니다. 저는 지금도 이 사랑을 배우고 있는 중입니다. 그분의 사랑만이 제 안의 두려움과 통제하려는 마음에서 저를 자유롭게 합니다. 그러나 두려움은 여러 얼굴을 가지고 다가옵니다.

혹시 이런 경험이 있지 않나요? 사랑하는 사람, 예를 들어 남편이나 자녀가 해로운 길을 선택할까 봐, 혹은 최선이 아닌 결정을 내릴까 봐 마음이 조마조마해진 적 말입니다. 그래서 어떻게든 막아 보려고, 바로잡아 보려고, 통제해 보신 적이 있으신가요? 그런데 아이러니하게도, 통제하려고 하면 할수록 그것이야말로 우리가 절대 할 수 없는 일임을 깨닫게 되지 않으셨나요?

이렇게 통제하려는 시도에서 좌절이 시작되고, 그 과정에서 관계가 흔들리고 깨어지는 일들이 일어납니다.

무거운 멍에

3년 전, 제가 어느 여성 수련회에서 말씀을 전하던 중 참석한 여성들에게 아주 단순한 질문을 던진 적이 있습니다.

> "여러분 중에 가정에서
> 수동적이든 적극적이든 내가 모든 것을
> 통제하고 있다고 느끼는 분이 있나요?"

그러자 모든 손이 올라갔습니다.
제가 다시 물었습니다.

"그 일을 좋아하는 분이 있나요?"

저는 이어진 반응을 전혀 예상하지 못했습니다. 갑자기 조용해졌고, 아무도 손을 들지 않았으며, 몇몇 여성들은 눈물을 흘리고 있었습니다.

그 순간 저는 수많은 여성들이 짊어지고 있는 짐을 처음으로 깊이 보게 되었습니다. 하나님께서 그들에게 원하신 적 없는 짐이었습니다. 예수님은 이렇게 말씀하셨습니다.

"나는 마음이 온유하고 겸손하니 나의 멍에를 메고 내게 배우라 그리하면 너희 마음이 쉼을 얻으리니 이는 내 멍에는 쉽고 내 짐은 가벼움이라 하시니라"(마 11:29~30)

예수님의 멍에, 곧 당시 문화에서 '삶의 방식'을 의미했던 예수님께서 걸어가신 그 길은 우리가 살아가는 방식과 너무도 다릅니다. 직접 몸으로 살아 내신 온유한 삶…

예수님께서는 우리가 어떻게 그 길을 따라 걸어가야 하는지 가르쳐주시려고 우리를 부르십니다. 이 책 전체에서 우리는 이 '삶의 방식'을 계속 다루게 될 것입니다.

본을 통해 배우는 삶

예수님은 공생애 전체를 통해 자신을 '섬기는 자'로 정의하셨습니다. "인자가 온 것은 섬김을 받으려 함이 아니라 도리어 섬기려"고 온 것이라고 마태복음 20장 28절에서 말씀하고 계십니다. 요한복음 13장을 보면, 예수님께서는 죽음을 앞둔 순간에도 제자들의 발을 씻기시며 섬김의 본을 보여 주셨습니다.

그런데 왜 우리는 섬김이 이렇게 어려울까요?

왜 계속 통제하려는 방식으로 돌아가 버릴까요?

이 질문에 대해 제가 경험한 이야기가 여러분에게도 도움이 되기를 바랍니다.

오래전 저는 한 기독교 상담사에게 제 마음을 털어놓은 적이 있습니다. 어린 시절의 깨어짐, 청소년기의 아픈 기억들, 그리고 결혼과 양육에서 겪는 어려움들을 이야기했습니다. 남편과 제가 18년 동안 세우고 사랑해 온 교회가 무너졌고, 이제는 우리 가정 자체가 흔들리고 있다는 이야기도 꺼내놓았습니다. 저는 어떻게든 도우려고, 고쳐 보려고, 모든 일이 무너지지 않도록 막아 보려고 했던 제 모습을 설명했습니다.

그 상담사의 대답은 부드러웠지만 솔직했습니다.

"베벌리, 당신은 통제자로 보이네요."

부끄러움에 속으로 이렇게 답했습니다.

'네, 그건 나도 이미 알고 있어요.'

그녀는 두 손을 머리 위로 높이 들며 말을 이었습니다.

"왼손은 '통제 욕구'를, 오른손은 '두려움의
정도'를 나타낸다고 해볼게요.
두 손이 똑같이 올라간다고 생각해보세요.
두려운 만큼 통제 욕구도 올라가는 거죠.
그렇다면 통제 욕구를 낮추는 유일한 방법
은 두려움을 낮추는 거예요."

그녀는 '통제' 손을 내려 보이며 계속 설명했습니다.

"보세요. 두려움이 높은 상태에서 통제를
멈추려고 하면, 통제를 내려놓은 자리에

남는 건 오직 두려움뿐이에요.

우리 함께 성경을 보며, 하늘 아버지가 어떤 분이신지를 더 깊이 알아볼까요? 그래야 당신이 더 이상 두려워할 필요가 없다는 것을 믿게 될 테니까요.”

그리고 다시 ‘두려움’ 손을 천천히 내리며 말했습니다.

“두려움이 줄어들면… 통제하려는 마음도 함께 줄어들게 되는 거예요.”

마지막으로 그녀는 ‘통제’ 손도 아래로 내렸습니다. 그녀의 설명은 아주 단순했습니다. 우리는 두려운 만큼 통제합니다.

사랑하는 여러분, 이 책에서 다른 어떤 것을 얻지 못하더라도, 부디 이 한 가지 진리는 기억하길 바랍니다. 우리는 두려운 만큼 통제한다는 것을요.

그 상담사는 진심으로 나의 이야기에 공감을 해 주며 말을 이어갔습니다.

"어린 시절, 당신은 너무나 큰 충격을 받았네요. 그로 인해 마음에 큰 상처가 생겼고, 두려움이 찾아온 거예요.

어느 순간 '어린 베벌리'는 스스로를 지켜야 한다고 결정했을 거예요. 세상이 커질수록 두려움도 함께 커졌고, 당신은 주변 모든 것을 통제함으로써 자신을 안전하게 지키는 법을 터득하게 된 것이죠."

그녀는 다정하게 저를 바라보며 말했습니다.

"지금 당신은 두려움의 정도도, 통제 욕구도 모두 너무 높아요. 오랫동안 주님과 걸어왔지만, 정작 그분 안에서 깊이 쉬어 본 적은 거의 없는 것처럼 보여요. 자신이 생각하는 것보다 더 많이 지쳤을 거예요. 통제하려는 마음에서 벗어나는 유일한 길은 하늘 아버지가 얼마나 선하시고 신뢰할 만한 분인지 진심으로 믿게 되는 것뿐이에요. 그분이 통치하고 있으며, 언제나 당신 가까이에 계셨고, 당신을 정말 많이 사랑하신다는 것을요.”

그래서 저는 이 책을 통해 하나님의 선하심 안에서 여러분이 쉬도록 초대하고 싶습니다. 그리고 하늘 아버지가 얼마나 사랑이 많고, 얼마나 신뢰할 만한 분인지 여러분들이 진정으로 마음 깊이 믿게 되기를 기도합니다.

로마서 2장 4절은 하나님의 선하심과 인자하심이 우리를 회개로, 곧 새로운 생각과 새로운 삶의 방식으로 이끈다고 말합니다. 우리가 하나님을 진정으로 알게 될 때, 곧 우리를 구원하기 위해 독생자 아들까지 내어주신 하나님의 사랑을 알게 될 때, 그분의 음성은 우리 주변의 그 어떤 두려운 소음보다 더 크게 들리기 시작합니다. 그러면 통제하려는 필요는 서서히 사라져 갑니다.

저는 이 진리의 살아 있는 증인임을 고백합니다. 하나님의 선하심이 제 생각하는 방식을 바꾸셨고, 제 삶을 변화시키셨습니다. 이제 저는 충만한 기쁨 가운데, 나를 향한 변함없는 하나님의 사랑에 의지하며 살아가고 있습니다. 하나님께서 그분의 선하심으로 저를 변화시키실 수 있으셨으니, 저는 하나님께서 세상 그 누구라도 변화시키실 수 있다고 믿습니다.

그분의 사랑으로 인한 가장 뚜렷한 변화를 보게 된 자리는 바로 가정이었습니다. 세월이 흐르긴 했지만, 아이들을 키우며 제가 아이들을 통제적인 방식으로 대했던 것을 인정하고 사과할 수 있게 되었습니다. 여섯 자녀 한 사람 한 사람과 치유의 대화를 나눌 수 있었고, 그 과정 속에서 하나님의 선하신 손길을 또 느낄 수 있었습니다.

저는 아이들에게 이렇게 말한 적이 있습니다.

"너희가 자라던 시절,
나는 종종 두려움으로 가득 차 있었단다.
너희가 실수해서 다치지 않을까 하는 두려움, 사람들이 너희를 어떻게 생각할까 하는 두려움… 사람들이 나를 어떻게 볼까 하는 두려움까지 말이야.
내 삶은 온통 두려움투성이였어. 그리고 두려움이 있는 곳에는 늘 통제가 따라오게 되지. 그래서 나는 모든 것을 통제하려고 했어. 너희가 침대를 어떻게 정리하는지, 무엇을 먹고 무엇을 입고 무엇을 듣는

지까지 말이야.

내가 함께 있을 때 너희가 시간을 어떻게 보내는지, 내가 없을 때 무엇을 하는지까지 통제하려 했어.

지금 돌아보니 이것이 너희 마음을 얼마나 아프게 했을지, 우리 관계에 어떤 상처를 남겼을지 알게 되었어.

미안해. 용서해 줄 수 있겠니?

나는 지금 다른 엄마가 되기 위해 배우는 중이야. 너희 마음이 안전하게 머물 수 있는 엄마가 되고 싶어.”

아이들이 그때 제게 보여 준 용서와, 한때 저의 지나친 통제가 있었음에도 지금 우리 가정이 누리는 이 평안한 관계가 저는 너무나 감사할 뿐입니다.

두려움 그리고 그 두려움에서 비롯되는 통제 욕구는 우리가 다른 사람들과 맺는 관계뿐 아니라, 우리가 우리 자신을 바라보는 방식에도 영향을 미칩니다.

저는 열 살 때 예수님을 믿고 '착한 아이가 되어 늘 옳은 일을 해야겠다'라고 결심했습니다. 하지만 이제 돌아보면, 그 모습의 많은 부분이 두려움에서 비롯된 것이었습니다. 스스로를 지켜야 한다는 절박함 속에서 만들어진 모습이었던 것이죠. 내가 충분히 바르게 행동하면, 사람들이 나를 착하고 좋은 사람이라고 생각해 주기만 하면, 안전할 수 있을 거라고 믿었습니다. 그래서 저는 오랫동안 '상냥하고 친절한 사람'으로 알려져 있었습니다.

그게 잘못일까요?

맞습니다. 분명 잘못이었어요. 왜냐하면 내가 친절하고 상냥했던 이유가 사람에 대한 사랑이 아니라, 사람을 두려워했기 때문이었으니까요.

우리 교회가 무너지기 시작했을 때, 남편과 아이들, 그리고 저 자신 모두 깊은 상처를 받았습니다.

제 몸도 병들기 시작했고, 내가 붙들고 있던 '상냥하고 친절한 모습'도 함께 무너져 내렸습니다.

그러나 제가 알지 못한 사이, 하나님은 완벽한 무대를 준비하고 계셨습니다. 그 마음이 무너지는 시간들을 통해 예수님은 자신이 어떤 분이신지를 제게 드러내 주셨습니다. 그분은 저를 너무나 사랑하심을 보여주셨고, 제 마음이 안전하게 머물 수 있는 피난처가 되셨습니다. 저는 더 이상 두려워할 필요가 없다는 것이 깨달아졌습니다. 더 이상 통제할 필요도 없다는 것을 알게 되었습니다.

사랑하는 여러분,

'살아계신 우리 하늘 아버지의 선하심'으로 탄생하게 된 이 책을 여러분에게 드립니다. 앞으로 이어질 장들에서 우리는 성경 속 일곱 명의 여인을 살펴볼 것입니다. 세 명은 통제하려 했던 여인들이고, 네 명은 섬김을 선택한 여인들입니다.

그들의 삶-그들의 동기, 선택, 그리고 그 선택이 가져온 결과-를 살펴보면서 우리는 우리 안에도 통제하려는 경향이 있는지, 아니면 섬김을 향한 마음이 있는지를 돌아볼 기회를 얻게 될 것입니다.

통제하려 했던 여인들을 살필 때 우리는 그들의 행동 속에 보였던 '좋은 의도'에 속지 않도록 조심해야 합니다. 그들의 의도는 그럴듯해서 속기 쉽습니다. 그들 자신도 속였으니까요. 그들이 왜 그런 선택을 했는지는 중요하지 않습니다. 우리가 바라보아야 할 것은 그 선택이 어떤 결과를 낳았는가 즉, 그들의 삶과 그들 주변 사람들의 삶에 어떤 영향을 미쳤는가 하는 것입니다.

이 여인들도 우리와 마찬가지로 평범한 인간이었고, 우리는 그들의 이야기를 통해 많은 것을 배울 수 있습니다.

1. 가장 마음에 와 닿은 구절을 찾아보세요.
   왜 그 구절이 가장 와닿았나요?

2. 당신은 요즘 어떤 상황에서 유난히 통제하려는 마음이 강해
   지나요?

3. 당신은 통제 받는 삶을 살았나요?
   그 통제의 깊은 곳에는 어떤 마음이 있었던 걸까요?

2장 이세벨

열왕기상 21장에서 우리는 이세벨을 만나게 됩니다. 그녀는 이스라엘의 왕비이자 막강한 권력을 가진 여인이었습니다. 그러나 그 화려한 권위 아래에는 통제하려는 사람들에게 흔히 보이는 치명적인 결함, 바로 걷잡을 수 없는 이기적인 야망이 자리하고 있었습니다.

바울은 빌립보서에서 이 결함을 지적하며,

"아무 일에든지 다툼이나 허영으로 하지 말
고 오직 겸손한 마음으로 각각 자기보다 남
을 낮게 여기고"(빌 2:3)

라고 우리에게 말합니다.

이세벨의 야망은 섬김이나 사랑에서 나온 것이
아니라, 자기 의와 교만에서 비롯된 것이었음이 분
명합니다.

이 이야기에서 우리는 이세벨의 남편 아합왕을
보게 됩니다. 그는 나봇의 포도원을 갖고 싶어 했습
니다. 그러나 나봇은 팔려고 하지 않으며 말합니다.

"이 포도원은 내가 조상들에게서 대대로
물려받은 유산입니다. 여호와께서는 이런
유산을 다른 사람에게 팔거나 넘기지 말
고 명령하셨습니다."

아합은 실망하여 집으로 돌아가 분하고 낙심한 채 밥도 먹지 않았습니다. 바로 이때 이세벨이 개입합니다. 열왕기상 21장 7절에서 그녀는 자신의 마음을 드러내는 말을 합니다.

"내가 나봇의 포도원을 임금님의 것으로
만들어 드리겠습니다."
"내가 하겠습니다."

이 말은 통제하려는 사람이 가진 마음의 본질을 정확히 드러내는 표현입니다.

이세벨은 모든 일을 자기 손으로 해결하려고 합니다. 그녀는 계획을 꾸미고, 포도원 주인 나봇을 죽게 한 뒤 그 땅을 남편 아합에게 바칩니다. 겉으로 보기에는 남편을 돕고 섬기는 것처럼 보였지만, 그 이면에는 통제와 자기중심적인 욕망이 흐르고 있었고, 그 과정에서 무고한 한 생명이 희생되었습니다. 이기적인 야망은 때때로 '섬김'이라는 모습으로 위장합니다.

그러나 두 행동의 차이는 결국 마음의 문제입니다. 우리는 우리의 행동을 얼마든지 정당화해서 자신까지도 속일 수 있지만, 하나님은 우리의 마음 깊은 곳까지 다 보시며 아십니다.

사실 저는 자신이 일을 끝까지 해내려는 여성들의 마음을 누구보다 잘 이해합니다.

그리스도의 사랑에 이끌리는 삶

끈기가 있다는 것 자체는 결코 성품의 결함이 아닙니다. 그러나 성경은 그것이 반드시 다듬어져야 한다고 말합니다.

> "그리스도의 사랑이
> 우리를 강권하시는도다"(고후 5:14)

앞 장에서 보았듯이, 주님은 우리를 자신이 걸으신 삶의 방식으로 초대하십니다. 그 길은 평안의 길이며, 사랑이 동기가 되는 삶입니다. 일을 해내야 한다는 부담에서 움직이는 삶이 아니라는 뜻입니다.

그래서 우리는 스스로에게 물어볼 수 있습니다.

지금 나를 움직이고 있는 힘은 무엇인가? 그리스도의 사랑인가, 아니면 개인적인 이익, 자기중심적인 야망, 혹은 내 삶을 내가 원하는 대로 굴러가게 하려는 욕구인가?

한 해 한 해 살아가며 저는 하나님 아버지의 신실하심에 반응하는 법을 배워 왔습니다. 로마서 2장 4절에서 말하듯이 "하나님의 인자하심이 너를 인도하여 회개하게 하심"이라는 말씀처럼 말입니다.

저는 여러분이 지금 겪고 있는 고통이 단순히 포도원 하나의 문제보다 훨씬 클 수 있다는 것을 잘 알고 있습니다. 여러분은 마음이 무너지는 아픔이나 절망, 혹은 심각한 사고로 인해 깊은 터널을 지나고 있을지도 모릅니다.

그러나 바로 그 상처의 자리에서, 주님은 우리에게 이렇게 기도하며 그분을 찾도록 초대하십니다.

"아버지,
이 일에 대해 제게 무엇을 말씀하시길 원하시나요? 너무 어렵지만, 저는 당신을 신뢰하고 싶습니다. 이 자리에서 당신의 온유한 삶의 방식이 이루어지길 원합니다.
이 일에 대해 당신의 뜻은 무엇인가요?"

주님은 우리 연약한 마음을 위해 이 길, 평안의 삶으로 우리를 초대하십니다. 시편 119편 165절은 이렇게 말합니다.

"주님의 법(주님의 삶의 방식)을 사랑하는

나는 누구의 음성을 듣고 있는가?

우리가 지금 어떤 행동을 하고 있을 때 그것이 이기적인 야망에서 비롯된 것인지, 아니면 단지 돕고 싶거나 더 효율적으로 하려는 마음인지 분별하기는 쉽지 않을 때가 있습니다. 이런 순간에 우리를 안전하게 지켜 줄 수 있는 유일한 방법은 주님의 음성을 아는 것입니다.

요한복음 10장에서 예수님은 이렇게 말씀하셨습니다.

면 양들은 그의 음성을 알고 뒤따라간다. 그러나 양들은 낯선 사람의 음성은 모르기 때문에 따라가지 않고 피해서 달아난다.”

아, 우리가 빨리 분별할 수 있다면 얼마나 좋을까요. 이 음성이 내 아버지의 음성인가? 아니면 낯선 자의 음성인가?

야고보서 3장 14~15절은 이렇게 경고합니다.

“그러나 마음 속에 지독한 시기심과 이기적인 욕망이 있다면 여러분은 자랑하지 마십시오. 그리고 진리를 거스려 거짓말하지 마십시오. 이런 지혜는 하늘에서 온 것이 아니라 세상적이요 정욕적이며 마귀의 것입니다.”

원수는 교묘합니다. 우리의 이기적인 야망, 겉보

기에는 '섬김'처럼 보일 수도 있는 그 마음이 실제로는 악한 것임을 깨닫지 못하게 우리를 쉽게 속일 수 있습니다.

잠시 모든 것을 멈추고 함께 기도하고 싶습니다.

"주님, 주님의 음성을 분별하게 해 주세요.
원수가 우리를 속이고 속삭일 때 그것을 분별하게 해 주세요.
주님의 음성을 듣게 하시고 주님의 마음을 알게 해 주세요."

통제가 낳는 결과

이세벨의 삶에서 우리는 통제적인 행동과 '이기적인 야망'이 얼마나 치명적인 결함인지 보게 됩니다. 그녀는 자신의 권력을 남용했고, 자신의 계획을 이루기 위해 끔찍한 일들까지 서슴지 않았습니다.

그 결함이 그녀의 삶에 어떤 결과를 가져왔을까요? 전체 이야기는 열왕기상 21장에 기록되어 있지만, 결국 이세벨은 자신이 음모를 꾸미고 사람을 죽이기까지 하며 얻어내려 했던 바로 그 땅에서 죽음을 맞이합니다.

성경은 우리가 하나님의 음성을 거부하고 통제하려 들 때 어떤 일이 일어날 수 있는지 엄중하게 상기시킵니다.

"어떤 길은 사람이 보기에 바르나
필경은 사망의 길이니라"(잠 14:12)

이제 잠시 하나님 아버지께 마음을 여는 시간을 갖도록 당신을 초대하고 싶습니다.

겉으로는 아무리 좋아 보일지라도, 하나님께로부터 온 것이 아닌 어떤 계획이나 의도가 있다면 보여 달라고 구해 보세요.

당신의 행동을 움직이는 동기가 통제를 잃을까 하는 두려움인지, 혹은 당신이 옳다고 믿는 일이 이루어지지 않을까 하는 두려움인지… 주님께 비춰 달라고 기도해 보세요.

당신이 지금 두려움으로 인해 통제하고 있는지, 사랑으로 섬기고 있는지 분별할 수 있게 해 달라고 아버지 하나님께 말씀드려 보세요.

아직 내려놓지 못한 것들 그러니까 절대 포기할 수 없다고 느끼는 어떤 바람이니 계획이 있다면 드러내 달라고 구하고, 주님 사랑의 손에 온전히 맡길 수 있도록 도와 달라고 기도해 보세요.

하나님은 당신이 구하는 모든 것을 기뻐하시며, 언제나 함께 이야기를 나누길 기다리고 계십니다. 정말 그렇습니다.

1. '돕고 있다'고 여겼던 행동들 가운데, 사실은 내 뜻을 이루려 했던 것은 없었나요?

2. 이세벨이 통제가 아닌 섬김을 선택했다면, 어떻게 행동하는 것이 옳았을까요?

3. 당신은 목자의 음성을 분별하는 양인가요? 그렇지 않다면 뭐가 가장 어렵게 느껴지나요?

3장 미리암

이세벨의 이야기를 지나오며 기억해야 할 중요한 사실이 있습니다. 통제는 항상 이기적이거나 잔인한 모습으로만 나타나지 않는다는 점입니다. 때로 통제는 도와주고 싶다는 마음, 바르게 인도하고 싶다는 마음, 지켜 주고 싶다는 마음이라는 좋은 의도를 가장하여 숨어 들어오기도 합니다.

이제 우리는 영향력과 리더십을 지닌 여성, 미리

암을 만나게 됩니다. 성경에는 그녀를 본받을 만한 인물로 묘사하는 장면이 여러 곳에 등장합니다. 그러나 그녀의 이야기를 통해 우리는 이런 사실을 보게 됩니다. 하나님을 사랑하는 사람이라 할지라도 통제의 문제를 겪을 수 있다는 것입니다. 눈에 잘 드러나지 않는 교만, 사람들에게 인정받고 싶고, 목소리를 내고 싶고, 앞장서고 싶어 하는 마음, 그리고 따르게 하고 싶은 욕구가 우리 안에 얼마든지 자리할 수 있다는 것을 보여 줍니다.

미리암의 이야기는 출애굽기 2장에서 시작됩니다. 여기서 우리는 어린 소녀였던 미리암이 아기 모세를 지키기 위해 목숨을 걸고 위험을 감수하는 모습을 보게 됩니다.

그녀는 바로가 모든 히브리 남자아이를 죽이라는 명령을 내린 상황에서 매일 모세를 숨겼습니다. 들키기라도 한다면 그녀 역시 형벌을 피할 수 없다는 것을 잘 알고 있었습니다.

더 이상 모세를 숨길 수 없어 엄마 요게벳이 갈대상자에 모세를 담아 나일강에 떠내려 보내자, 미리암은 갈대상자를 따라갔습니다. 그리고 갈대상자를 발견한 바로의 딸인 공주에게 히브리 유모를 소개해 주겠다고 합니다. 그 덕분에 모세는 엄마의 젖을 먹고 자랄 수 있었습니다. 미리암은 놀라운 소녀였습니다.

수년이 흐른 후… 출애굽기 15장에서 우리는 다시 등장한 미리암을 보게 됩니다. 기적적으로 이스라엘 백성이 종살이하던 애굽으로부터 탈출에 성공하고, 미리암은 이스라엘 백성들을 인도해 찬양을 이끄는 지도자가 되었습니다.

미리암은 정말 용감하고 지혜로웠으며, 하나님께 받은 은사도 뛰어났습니다. 그러나 민수기 12장에 이르면, 무언가 크게 잘못되었음을 보게 됩니다. 미리암의 성품적 결함, 즉 자신을 지나치게 높게 평가하는 마음이 드러난 것입니다. 그녀는 모세의 권위를 의심하며 이렇게 말합니다.

하나님은 미리암에게도 말씀하신 적이 있기는 했습니다. 그러나 이제 그분은 모세를 통해 그녀가 이해하지 못하는 계획을 이루고 계셨습니다.

성경은 이 성품적 결함, 곧 통제하려는 사람들에게서 흔히 발견되는 태도에 대해 경고합니다.

미리암은 자기 자신의 생각에 지나치게 높은 가

치를 두게 되었습니다. 그녀는 좋은 계획이 있었지만, 하나님께서는 가장 좋은 계획을 갖고 계셨습니다. 자기 의를 앞세운 미리암에게 평안은 하나님을 신뢰하는 데서 오는 것이 아니라, 자신의 계획이 그대로 이루어지는 데서 오고 있었습니다.

저는 미리암의 모습에 깊이 공감합니다. 저 역시 좋은 계획들을 많이 가지고 있고, 때때로 제 계획에 스스로 꽤 만족해 하기도 합니다. 어느 누구도 아침에 일어나면서 '오늘은 잘못된 계획을 세워야지'라고 생각하지는 않습니다. 당연히 스스로에게나 관계에 해가 될 일을 일부러 계획하지도 않습니다. 저 역시 충분히 생각하고 계획을 세웁니다. 그리고 그것들은 제 눈에 참 좋아 보입니다.

그런데 오래전, 제게도 그런 '좋은 계획'이 전혀 이루어지지 않았던 경험이 있었습니다. 그 이야기를 여러분과 나누고 싶습니다.

나의 '좋은 계획'을 내려놓다

저의 어머니는 하나님을 사랑하고 예수님을 깊이 사랑하던 경건한 분이셨습니다. 그런데 어머니께서는 불과 예순두 살의 나이에 알츠하이머 진단을 받으셨습니다. 그리고 그 후로 무려 십 년 동안, 혼란스럽고 두려운 시간을 지내야 했습니다. 마침내 주님께서 인자하게 어머니를 하늘나라로 불러가실 때까지 말입니다.

그 세월 동안 저는 어머니의 치유를 위해 간절히 기도했습니다. 도대체 왜 이런 일이 일어나는지 이해해 보려고 애썼습니다. "이건 영적인 공격일까? 더 뜨겁게 기도하면 물러갈 일일까?" 하고 말입니다. 제가 확신했던 한 가지는 이것뿐이었습니다. 어머니는 반드시 치유되어야 한다는 것.

어머니는 주일학교 교사였고, 여성들의 멘토였으며, 상처 입은 아이들을 돌보는 위탁모였고, 따뜻한 집을 만드는 수프와 빵의 달인이었습니다. 지친 엄마들의 이야기를 몇 시간이고 들어주며 시나몬차와 예수님의 사랑을 건네던 사람이었습니다. 정말 놀라운 분이었습니다.

그런 어머니가 알츠하이머 말기에 이르러 우리 집에서 돌봄을 받던 어느 날, 저는 그분이 의자에 앉아 조용히, 멀리, 자신이 어디에 있는지도, 우리가 누구인지도 알지 못한 채 있는 모습을 바라보며 울었습니다. 제 마음은 무너져 내렸습니다. 그렇게 신실하고, 그렇게 사랑이 많고, 그렇게 하나님께 헌신한 사람이 왜 이런 고통스러운 시간을 겪어야 하는지 도무지 이해할 수 없었습니다.

저는 하나님께 울부짖었습니다.

"하나님,
저희 엄마는 수백만 명으로 복제해야 할 사람이에요. 오늘날 이 세상에 저희 엄마의 사랑과 지혜가 얼마나 필요한지 아시잖아

요. 그런데 지금 어머니가 이렇게 계십니
다. 이게 어떻게 주님의 계획일 수 있죠? 이
게 어떻게 주님께 영광이 되나요?”

그때마다 주님은 제 마음의 울부짖음에 응답하셨
습니다. 어머니를 향한 하나님의 큰 사랑을 상기시
켜 주셨고, 이 깨어진 세상 속에서 고통받는 동안에
도 그분의 팔이 계속 어머니를 감싸고 계셨다는 것
을 기억하게 하셨습니다. 하나님은 이 모든 고통이
얼마나 잠시일 뿐인지, 그리고 어머니를 위해 준비
해 두신 것이 얼마나 영광스러운 것인지 제가 똑똑
히 알길 원하셨습니다.

주님은 여러 번 제 마음에 조용히 속삭이셨습니
다.

“사랑하는 베벌리야, 이것을 내게 맡겨라.
해답을 구하려 하지 말고, 나를 구하여라.

네가 생각하는 삶의 모습에 마음을 두지
말고, 내 곁에 머물며 내 사랑을 알도록 하
여라. 너는 나를 사랑하고, 나를 섬기고, 나
를 노래하고, 나에 대해 가르치지만…
아직 나를 믿지는 못하는구나."

그 속삭임으로 저는 나의 계획이 아니라 주님을
향해 돌이키게 되었습니다. 나의 논리와 상식에서
벗어나, 주님께 온 미음을 내어드리는 첫걸음이 된
것입니다. 주님은 제게 이사야 55장 8~9절을 떠올
리게 하셨습니다.

"이는 내 생각이 너희의 생각과 다르며 내
길은 너희의 길과 다름이니라 여호와의 말
씀이니라 이는 하늘이 땅보다 높음 같이 내
길은 너희의 길보다 높으며 내 생각은 너희
의 생각보다 높음이니라"

그 순간, 저는 주님의 부드러운 음성을 다시 들었습니다.

"네 마음을 돌이켜 나를 신뢰하고,
예배 안에서 쉬렴."

제가 할 수 있었던 말은 이것뿐이었습니다.

"주님은 하나님이십니다. 지금 일어나는 모든 일을 어떻게 이해해야 할지 모르겠습니다. 주님과 걸어가는 앞으로의 시간이 어떤 모습일지도 모르겠습니다. 지금 저는 아는 것이 거의 없습니다. 하지만 이것 하나는 압니다. 주님은 여전히 하나님이십니다."

그리고 놀랍게도… 주님은 그 고백을 예배로 받아주셨습니다.

주님의 인자하심은 저를 회개의 자리, 곧 새로운 생각과 새로운 믿음의 자리로 이끌어 주셨습니다.

"…하나님께서 인자하심을 베푸셔서 그대를 인도하여 회개하게 하신다…"(롬 2:4)

그분은 제가 절망 속으로 떨어지지 않도록 붙들어 주셨습니다. 그리고 제 기도를 바꿔주셨습니다.

"주님, 주님은 이미 모든 것을 알고 계십니다. 주님은 제 엄마를 사랑하시고, 저도 사랑하십니다. 주님이 엄마를 돌보고 계시고…만약 제 인생에 어려움이 찾아온다 해도, 주님은 저 역시 돌보실 것입니다."

주님은 저에게 섬김의 삶은 가볍게 사는 삶이라

는 것을 보여주셨습니다. 그것은 무엇이든 통제하려 애쓰며 사는 지친 삶과는 전혀 다른 삶이었습니다. 섬기는 사람은 앞으로의 공급이나 보호에 대한 무거운 부담과 짐을 지고 살지 않습니다. 그저 선하신 주인께서 자신이 하라고 부르신 일에 필요한 모든 것을 당연히 공급해 주실 것이라 믿고 따릅니다.

> "너는 마음을 다하여 여호와를 신뢰하고 네
> 명철을 의지하지 말라 너는 범사에 그를 인
> 정하라 그리하면 네 길을 지도하시리라"
>
> (잠 3:5~6)

방향 수정

주님의 인자하심은 제 마음을 바로잡아 주셨고, 새로운 방식으로 생각하도록 인도해 주셨습니다. 저에게 '교정correction'이라는 단어는 이제 전혀 새로운 의미를 갖게 되었습니다. 오랫동안 '교정'이라는 말은 두렵게만 들렸습니다. 그 속에는 수치심, 실망, 실패가 가득한 것처럼 느껴졌습니다.

하지만 주님의 교정은 다릅니다. 그것은 결코 정죄가 아니라, 보호입니다. 주님의 교정은 오히려 '진로 수정'에 가깝습니다. 마치 관제탑이 조종사에게 상황을 알려주는 것처럼 말입니다.

"지금 안개 지대로 들어가고 있습니다.
보이지 않는 산들이 있습니다.
고도를 바꾸십시오."
"지금은 착륙하기에 안전하지 않습니다.
지시가 있을 때까지 계속 선회하십시오."

만약 조종사가 관제탑의 지시를 거부한다면 그 끝은 비극적일 것입니다. 지혜로운 조종사는 반드시 관제탑의 음성을 신뢰합니다. 왜냐하면 조종사가 볼 수 없는 것을 관제탑은 보고 있기 때문입니다.

주님의 교정도 이와 같습니다. 사랑으로, 우리가 위험 속으로 들어가려 할 때 경고하십니다. 우리가 '자기 명철을 의지하려는'(잠 3:5) 선택을 향해 가고 있을 때 미리 알려 주시는 것입니다.

우리의 원수는 이렇게 속삭입니다.

"넌 옳은 걸 알고 있어.

네 생각대로 해. 네 판단을 믿어 봐."

하지만 하나님 아버지의 음성은 전혀 다릅니다. 우리가 반드시 기억해야 할 경고가 있습니다.

"어떤 길은 사람이 보기에 바르나

필경은 사망의 길이니라"(잠 14:12)

지금 누구의 음성을 듣고 있는지 분별하는 법을

배워야 합니다. 분주한 가운데에도 잠시 멈춰서 스스로에게 물어볼 수 있어야 합니다.

"이것은 하늘 아버지의 음성인가,
아니면 원수 마귀의 음성인가?"

우리는 너무 쉽게 속습니다.

'속임deception'이라는 단어에는 두 가지 뚜렷한 의미가 있습니다.

1. 사실이 아닌 것을 사실이라고 믿게 되는 것. 마치 사막을 여행하는 사람이 먼 곳에서 물이 보인다고 믿으며 그 방향으로 가지만, 결국 신기루였다는 것을 발견하는 것처럼요.

2. 참으로 중요한 것을 사실이 아니라고 여겨 버리는 것. 반드시 붙들어야 할 진리를 무시해 버리는 경우입니다.

우리가 이렇게 쉽게 속을 수 있다는 사실을 깨달

게 되면, 우리는 겸손해질 수밖에 없습니다. 이는 우리가 영적으로 색맹일 수 있음을 상기시키기 때문입니다. 진짜 무엇이 옳고 지혜로운지 분별하지 못하는 상태 말입니다. 색맹인 사람이 빨간불과 초록불을 구분할 수 없다면, 그는 반드시 신뢰할 만한 사람의 도움을 받아야 합니다. 스스로 판단을 의지해 길을 건너는 일은 너무 위험합니다.

우리도 마찬가지입니다. 우리가 영적으로 '색맹'일 수 있음을 인정할 때, 우리는 비로소 우리가 보지 못하는 것까지 모두 보고 계신 분께 의지하는 법을 배웁니다. 성경은 이렇게 권합니다.

"너는 마음을 다하여 여호와를 신뢰하고
네 명철을 의지하지 말라"(잠 3:5)

스스로 통제의 키를 잡기 시작할 때, 당장 눈앞에 보이는 대로 보고 내가 옳다고 생각하는 일을 하곤

합니다. 하지만 성경은 다시 경고합니다.

"어떤 길은 사람이 보기에 바르나
필경은 사망의 길이니라"(잠 14:12)

알고 보니, 내가 틀릴 수도 있었다

때때로 남편과 저 사이에 의견 충돌이 있을 때, 주님은 제 미음에 '영적 색맹'이라는 이미지를 떠올리게 하십니다. 그러면서 저는 주님께 이렇게 말하는 법을 배웠습니다.

"내가 속았을 수 있어.
이번엔 내가 틀렸을 수 있어.
솔직히 나는 내가 맞다고 생각하지만…
그래도 틀렸을 수 있는 거야."

여러분께 솔직히 말씀드리자면, "내가 틀렸을 수도 있다"라고 말하는 것 그리고 그것을 실제로 입밖으로 내는 것은 저에게 정말 큰 싸움입니다. 통제하려는 사람의 마음은 '내가 지금 잘못 보고 있을지도 모른다'는 가능성조차 인정하기 어려워하기 때문입니다.

그런데 제가 "나는 내가 맞다고 생각하지만, 그래도 틀렸을 수는 있어"라고 말하면… 두 가지 일이 일어납니다.

첫째, 저는 지금 싸우고 있는 대상이 남편이 아니라는 것을 기억하게 됩니다.

둘째, 우리 관계를 분열시키려는 원수와 싸우고 있다는 것을 깨닫게 됩니다.

성경은 이렇게 상기시킵니다.

"우리의 씨름은 혈과 육을 상대하는 것이 아

평안은 어디에서 오는가?

의견 충돌 속에서 제 마음을 가라앉히는 평안은 제가 옳았음을 증명해 냈을 때 오는 것도 아니고, 상황이 바뀌었을 때 오는 것도 아닙니다. 그리고 더 큰 통제를 쥐었을 때 오는 것도 절대 아닙니다. 평안은 하나님을 신뢰할 때 옵니다.

제가 잠시 멈추어 다음 사실을 기억할 때 평안이 찾아옵니다.

하나님께서 지금 이 자리에 계신다.
하나님은 지혜로우시다.
그리고 하나님은 내가 보지 못하는 것을 모

두 보고 계신다.

그리고 제가 겸손히 인정하며 이렇게 고백할 때 그분의 평안이 제 마음에 깃듭니다.

"주님, 제가 틀렸을 수도 있습니다. 무엇이 옳은지 저에게 보여 주세요."

성경은 이렇게 약속합니다.

"여호와는 자기를 의지하고 마음이 한결같은 자에게 완전한 평안을 주신다."(사 26:3)

하나님은 우리가 신뢰할 수 있는 유일한 분이시며, 우리는 또한 반드시 그분을 신뢰해야 합니다. 그래야만 하나님이 우리를 위해 준비하신 평안이 가득한 삶을 살아갈 수 있습니다. 그 삶은 통제하느라 지친 마음을 내려놓는 삶이고, 우리의 확신이 우리의 판단에 있지 않고 변함없는 하나님의 사랑 위에 머무르는 삶입니다.

슬픔 속에서 누리는 평안

이미 여러 번 언급했지만 우리가 통제하려 하는 이유는 대개 두려움 때문이고, 그 두려움은 종종 마음이 부서지는 경험을 통해 우리 삶에 들어옵니다. 우리 하늘 아버지는 우리가 겪는 슬픔을 무시하지 않으십니다. 시편 34편 18절은 이렇게 말합니다.

"주님은, 마음 상한 사람에게 가까이 계시고, 낙심한 사람을 구원해 주신다."

하나님은 이 땅의 삶이 우리의 마음을 부수는 순간들을 잘 알고 계십니다. 그래서 우리가 이 땅에서 이해할 수도 없고, 통제할 수도 없는 것들에 매여 있는 생각을 들어 올리셔서, 우리의 시선을 하늘로, 그분의 선하심과 지혜, 사랑으로 돌리게 하십니다.

제 삶에서 일어났던 일들의 이유를 제가 모두 이해했다고 말할 수는 없습니다. 주님도 제가 이해하지 못한다는 것을 알고 계십니다.

그러나 그분은 '나의 이해'라는 '무너지는 모래'(찬송가 <the Solid Rock>, 우리나라 제목은 <이 몸에 소망 무언가>. 영어 가사에 보면 'all other ground is sinking sand 다른 모든 기초는 무너지는 모래'라는 표현이 나온다.^{편집자주})에서 저를 끌어올리시고, 그분의 사랑으로 저를 위로하십니다.

평안은 바로 여기서 시작됩니다. 이해하는 데서 오는 것이 아니고, 삶이 우리의 계획대로 흘러갈 때 오는 것도 아닙니다. 평안은 우리를 붙드시고, 우리를 품고, 결코 떠나지 않겠다고 약속하신 분을 신뢰할 때 찾아옵니다.

미리암에게서 배우는 마지막 교훈

로마서 12장 3절에서 바울은 우리에게 스스로를 지나치게 높게 생각하지 말라고 권면합니다. 우리는 미리암에게서 보았던 위험한 성품적 결함 그리고 어쩌면 우리 자신에게도 있는 결함에 대한 경고이기도 한 것입니다. 미리암은 속았습니다. 그녀는 자신의 생각이 옳다고 확신했습니다. 그러나 그 확신은 그녀에게 평안을 주지 못했습니다.

속임의 가장 위험한 점은 그것이 '맹섬'이라는 것입니다. 맹점의 문제는 말 그대로, 우리가 볼 수 없다는 것입니다. 그러므로 다윗의 기도를 우리의 기도로 삼는 것이 지혜롭습니다.

"하나님이여 나를 살피사 내 마음을 아시며 나를 시험하사 내 뜻을 아옵소서 내게 무슨 악한(통제하려는) 행위가 있나 보시고 나를 영원한 길로 인도하소서"(시 139:23~24)

저 역시 사람이나 상황에 대한 제 관점이 틀렸던 적이 많았습니다. 그러나 말씀 속에서 주님의 음성을 들을 때, 하나님은 그 사람과 상황에 대한 진실을 제게 보여주셨습니다. 하지만 저는 그 진리를 알고도 평안을 누리지 못했습니다. 제가 사랑하는 사람들이 특히 가족들이 제가 보기엔 해로운 선택을 할 때(실제 해로운 경우도 많았습니다), 그들을 설득해 내 생각대로 움직이게 하기 전까지는 마음이 전혀 편해지지 않았습니다. 돌아보면, 그것은 제가 스스로를 지나치게 높게 평가했던 모습이었습니다.

이제 우리는 미리암에게서 배워야 합니다. 그녀는 하나님을 '알고는 있었지만', 자신의 마음을 하나님께 맡기지는 않았습니다. 그녀의 평안은 하나님께 있지 않았고, 오히려 자신의 계획이 인정되고, 받아들여지고, 이루어지는 데 달려 있었습니다.

하나님보다 자신의 생각에 더 가치를 둔 미리암은 문둥병이라는 거의 죽음에 이르는 경험을 하게 되었습니다. 이는 마음의 태도가 우리를 어디로 데려갈 수 있는지를 보여주는 심각한 경고입니다.

성경은 통제적인 마음의 본질을 아주 솔직하게 보여줍니다.

"미련한 사람은 명철을 좋아하지 않으며,
오직 자기 의견만을 내세운다."(잠 18:2)

"내 생각에는 말이야…"
"내가 보기엔…"
"나는 네가 이렇게 해야 한다고 생각해."

이 책 전체를 통해 제가 여러분에게 드리고 싶은 것은, 하나님께 이렇게 묻는 마음입니다.

"주님, 저는 지금 통제하고 있습니까,
섬기고 있습니까?"

우리는 지금까지 배워 왔습니다. 섬기는 사람은 다른 사람에게 무엇을 해야 한다고 지시하지 않습니다. 섬기는 사람은 주님께 귀를 기울이며 이렇게 묻습니다.

"주님,

이 자리에서 저는 무엇을 해야 할까요?"

섬김의 마음은 주인의 인도함을 기다립니다. 그렇기에 그 기다림에는 쉼이 있습니다. 왜냐하면 이제 결과는 우리의 판단이나 노력에 달려 있는 것이 아니라, 그분의 뜻과 그분의 때에 달려 있기 때문입니다. 물론 이것이 부모로서 자녀를 가르치고 인도해야 할 책임을 무시한다는 뜻은 아닙니다.

그러나 우리가 주님께 시선을 고정할 때, 하나님은 우리가 자녀를 가르칠 때 로마서 2장 4절에서 말씀하신 그 '인자하심'으로 '행동만이 아니라 마음을 변화시키는 방식'으로 가르치도록 이끌어 주십니다.

들릴 수 없는 사람이 되다

어쩌면 하나님은 미리암을 통해 모세에게 지혜를 주고, 격려하고, 경건한 관점을 나누고 싶으셨을지도 모릅니다. 그러나 그녀의 성품적 결함 때문에, 모세는 그녀가 전하고자 했던 어떤 것도 받을 수 없었습니다. 그녀의 태도는 그녀가 기질 수 있었딘 영향력을 스스로 막아버렸습니다.

미리암은 'un-hearable 들릴 수 없는 사람That cannot be heard'이 되어버린 것입니다.

우리의 마음이 섬김이 아니라 통제로 기울어 있을 때, 아무리 좋은 의도라 해도 우리의 말은 힘과 영향력을 잃습니다. 다른 사람들이 우리의 말에 귀 기울이기를 멈추게 됩니다. 말하는 내용이 틀려서가 아니라, 그 말의 중심이 하나님의 도우심이 아닌 우리의 통제하려는 마음이기 때문입니다. 관계의 깨어짐과 아픔은 우리가 자신의 생각을 지나치게 높이고, 통제하려고 할 때 피할 수 없습니다. 그렇게 우리는 '들릴 수 없는 사람'이 됩니다.

결혼 초기, 주님은 제 마음에 여러 번 이렇게 말씀하셨습니다.

> "베벌리, 네 남편은 네 말에서 유익을 얻을 수 있어. 하지만 그는 지금 네 말을 들을 수 없구나. 너는 스스로를 '들릴 수 없는 사람'으로 만들었고, 네 자녀들도 그 결과를 겪게 될 거야."

주님은 사랑으로 제 마음을 바로잡으셨고, 저를 이 말씀으로 이끄셨습니다.

"그런 여자의 남편은 아내를 믿기 때문에

아무것도 부족한 것이 없을 것이다.”(잠 31:11)

저는 스스로에게 질문하기 시작했습니다.

내 남편의 마음이 나를 믿을 수 있다면, 그가 내게서 안전함을 느끼고, 내 말을 기꺼이 들으려 한다면 그의 삶이 더 ‘복된 삶’이 될 수 있지 않을까? 남편이 내게 이렇게 말할 수 있다면 어떨까?

“베벌리, 내게 이야기해 줘.
이 일에 대한 당신 생각을 듣고 싶어.”

이러한 신뢰는 남편과 아내 사이에 아름답고 건강한 관계를 만들어 줍니다.

여러분, 우리가 하나님을 신뢰하지 않고, 상황을 어떻게든 나의 힘으로 해결하려고 할 때 우리는 두려움 때문에 계속해서 통제로 돌아가고 스스로를 ‘들릴 수 없는 사람’으로 만들어 버립니다. 하나님

께서 우리에게 보여주시길 바랍니다. 혹시 나에게
도 '들릴 수 없는 사람'이 되어버린 부분이 있는지.

우리의 부르짖음을 받아 주시는 하나님

미리암은 자신의 생각을 주님께 가져갈 수도 있
었습니다. 하나님은 우리가 마음 깊은 곳의 울부짖
음을 그분께 털어놓을 때 기쁘게 받아 주십니다.

> "주님, 저는 정말 이것이 이루어지면 좋겠
> 어요. 그렇게 되면 얼마나 좋을까 날마다
> 생각하고 있거든요."

다윗 왕은 시편 곳곳에서 주님께 목 놓아 기도했
습니다. 예수님도 겟세마네 동산에서 깊은 탄식으
로 부르짖으셨습니다. 그러나 그들의 평안은 기도
가 자신들이 바랐던 방식대로 응답되었기 때문에

온 것이 아니었습니다. 그 평안은 그들이 하늘 아버지를 신뢰했기 때문에 왔습니다.

이것이 당신의 기도가 될 수 있을까요?

"아버지, 저는 늘 제가 옳다고 생각되는 것에 매달려서 살아왔지, 하나님께 맡기고 마음을 내려놓고 쉬는 법을 잘 모릅니다. 주님을 바라보고 신뢰하는 법을 아직 잘 모르겠습니다.

하지만 지금 저는 온 마음으로 주님을 구합니다. 주님을 알고 싶습니다. 이 문제가 해결된 다음에 쉬고 싶은 것이 아니라, 지금 이 자리에서 주님 안에서 쉬고 싶습니다. 저를 도와주세요.

예수님의 이름으로 기도합니다. 아멘."

하나님은 우리의 지치고 통제하려는 삶을 보고

계시며, 우리가 그 무거운 짐을 벗길 원하십니다.
이 장에서 우리는 통제의 피로를 내려놓고, 신뢰에
서 오는 참된 쉼으로 들어오라는 초대를 받습니다.

마태복음 11장 28~30절을 다시 표현해 본다면,
지금 주님은 우리에게 이렇게 말씀하고 계시는지
도 모릅니다.

> "지금 네가 내려놓지 못하고 짊어지고 있
> 는 그 짐… 네 방식대로 살아가는 그 길이
> 얼마나 무겁고 힘이 드니.
> 사랑하는 내 딸아, 그렇게 힘겹게 살아가
> 서는 안 되는 거야. 이제 내 삶의 방식을 받
> 아들이고, 나를 따라오렴."

예수님은 온유하시고 친절하시며 놀라울 만큼 강
하셔서 당신을 위해 약속하신 모든 일을 이루실 수
있는 분입니다. 그러니, 그분을 신뢰하세요.

1. 내 생각과 판단, 계획을 하나님보다 더 신뢰하고 있지는 않나요?

2. 하나님께 온전히 맡기고 의지할 때 평안을 누렸던 경험이 있나요?

3. 혹시 누군가에게 '들릴 수 없는 사람'이 되어가고 있지는 않나요?

4장 마르다

미리암의 이야기를 뒤로하고 우리는 광야에서 벗어나 베다니의 조용한 집으로 들어갑니다. 그곳에서 강인하고 능력 있는 한 여인이 예수님을 따뜻하게 맞이합니다. 마르다입니다. 그녀는 우리 중 많은 이들이 그렇듯 깊이 사랑했고, 성실하게 섬겼습니다. 그러나 그녀의 섬김에는 종종 '애씀'이라는 그림자가 드리워져 있었습니다.

그녀의 이야기에서 우리는 사랑으로 가득한 마음도, 무언가를 관리해야 한다는 압박, 효율적으로 해야 한다는 부담, 모든 것을 책임져야 한다는 통제의 마음 때문에 쉽게 평안을 잃을 수 있음을 보게 됩니다.

마르다의 삶을 통해 주님은 우리에게 이렇게 초대하십니다.

"주님을 위해 무엇을 하는 것과,
주님과 함께 있는 것의 차이를 배우라."

마르다의 이야기는 누가복음 10장 38~42절에서 시작됩니다.

"그들이 길 갈 때에 예수께서 한 마을에 들어가시매 마르다라 이름하는 한 여자가 자기 집으로 영접하더라 그에게 마리아라 하는 동생이 있어 주의 발치에 앉아 그의 말씀을 듣더니 마르다는 준비하는 일이 많아 마음이 분주한지라 예수께 나아가 이르되 주여 내 동생이 나 혼자 일하게 두는 것을 생각하지 아니하시나이까 그를 명하사 나를 도와 주라 하소서 주께서 대답하여 이르시되 마르다야 마르다야 네가 많은 일로 염려하고 근심하나 몇 가지만 하든지 혹은 한 가지만이라도 족하니라 마리아는 이 좋은 편을 택하였으니 빼앗기지 아니하리라 하시니라"

생각해 보아야 할 질문

우리의 자매 마르다는 예수님과 제자들을 위해 준비해야 한다고 생각한 온갖 일들로 마음이 분주해져 있었습니다. 그런데 여기에서 한 가지 질문을 던져볼 필요가 있습니다.

'예수님을 위해 반드시 준비해야 한다는
그 목록은 누가 마르다에게 주었을까요?'

그것은 예수님이 주신 목록이었을까요? 아니면
책임감에서 또는 잘 섬기고 싶다는 생각에서 혹은
사랑은 성과로 증명된다고 믿었던 마음에서 마르다
스스로 만든 목록이었을까요?

우리도 마르다처럼 보이지 않는 목록을 마음에
품고 살아갈 때가 너무나 많습니다. 주님이 쓰신 적
없는 목록들인데 우리는 그것이 꼭 필요하다고, 반
드시 해야 한다고 믿습니다. 바로 그 목록들이 우리
를 지치게 만들고, 우리가 섬기려는 그분에게서 우
리를 멀어지게 만듭니다.

섬기려는 마음을 가진 사람과 통제하려는 사람을
구분하는 특징 중 하나는 이것입니다. 그들은 해야
할 일을 스스로 정하지 않고, 주인 되신 분께서 주시
는 목록을 받습니다. 어쩌면 여러분도 목록을 만드

는 사람일지 모릅니다. 저처럼 매일 '반드시 해야 할 일들'을 적어 내려가는 사람일지도 모르죠.

그러나 사랑하는 여러분, 매일 아침 주님 앞에 나아가 "주님, 오늘 제가 해야 할 일은 무엇인가요? 제 뭘 하길 원하시나요?" 하고 물을 수 있다면 얼마나 충만하게 평안을 누릴 수 있을까요?

기억하세요. 예수님은 "내 멍에는 쉽고, 내 짐은 가벼움이라"고 말씀하셨습니다.

진짜 해야 할 일은 무엇인가?

마르다는 예수님을 사랑했고, 그분을 집에 기쁨으로 맞아들였습니다. 하지만 그녀에게는 그녀를 옭아맬 만큼 큰 성품적 결함이 있었습니다. 그녀는 무엇이 필요한지, 어떻게 해야 하는지, 그 모든 것을 자기 이해와 판단으로 확신하고 있었습니다.

그러나 잠언 3장 5~6절에서 주님은 이렇게 우리

를 가르치십니다.

우리가 우리의 생각과 판단을 신뢰하기 시작할 때, 우리는 애초에 우리에게 지워져서는 안 될 '멍에'를 스스로 짊어지게 됩니다. 그러나 주님께 의지하고 그분께 맡길 때, 주님께서 그 무게를 대신 지시고, 우리는 비로소 쉼을 얻게 됩니다.

마르다는 한정된 자신의 관점 때문에 상황을 통제하려 했습니다. 그 결과 몸은 지치고, 동생 마리아에게 짜증이 나고, 심지어 예수님이 자신은 돌보지 않으신다고 생각에 마음이 상하는 지경에 이르렀습니다.

우리도 얼마나 쉽게 같은 잘못을 저지르는지 모

릅니다. 자기 명철을 의지하면 하나님이 전혀 의도하지 않으신 짐들을 스스로 짊어지게 되고, 그 짐은 우리의 마음을 지치게 하며, 관계를 긴장시키고, 하나님 사랑에 대한 우리의 시야를 흐리게 합니다.

하지만 예수님은 마르다에게 너무도 따뜻하게 말씀하십니다.

> "마르다야 마르다야 네가 많은 일로 염려하고 근심하나 몇 가지만 하든지 혹은 한 가지만이라도 족하니라 마리아는 이 좋은 편을 택하였으니 빼앗기지 아니하리라"
>
> (눅10:41~42)

'많은 일…' 너무 많은 일들에 치여, 우리의 연약한 마음은 버겁고 힘이 빠집니다. 예수님은 우리에게 단 하나, 결코 빼앗기지 않을 단 하나를 주고 싶어 하십니다. 예수님이 말씀하신 그 '한 가지'는 그분과의 관계입니다. 그분을 위해 무엇을 해내는 것이 아니라, 그분과 함께 머무는 것입니다.

어쩌면 당신도, 마르다처럼 그리고 저처럼 예수님을 삶에 초대하며 이렇게 말했을지 모릅니다.

> "예수님, 제 삶에 들어오세요.
> 저는 주님을 환영합니다."

그런데도 동시에, 우리는 마르다처럼 내가 만든 목록을 다 해내기 위해 애쓰며 살아가고 있는 것입니다.

내 마음 안의 갈등

저는 제 마음 안에서 서로 반대되는 두 가지 욕구를 자주 발견합니다.

1. 예수님을 내 삶에 모시고 싶다.

2. 하지만 해야 할 일이 너무 많다. 그리고 막상 해놓으면 금세 사라져 버린다.

그래서 저는 종종 솔로몬의 외침에 공감하게 됩니다.

"전도자가 이르되 헛되고 헛되며

헛되고 헛되니 모든 것이 헛되도다"(전 1:2)

'헛되다'라는 말은 이렇게도 해석됩니다. 안개, 한순간 나타났다 사라지는 수증기, 잠시 있다가 사라져 버리는 것. 그렇다면 왜 마르다는 결코 남길 수 없는 것들을 위해 그토록 애썼을까요? 그리고 왜 우리 대부분도 똑같이 살아갈까요?

예수님은 마르다에게 그리고 우리에게 그 해답을 주셨습니다. 그것은 마르다가 보지 못했던 성품적 결함을 이해하는 데 있습니다. 그녀는 잠잠히 앉아 예수님의 말씀을 듣는 것을 선택하지 않았습니다. 예수님과 같은 공간에 있었지만, 그분 가까이로 나아오지는 않았습니다.

마르다는 자신이 무엇을 해야 하는지, 자기의 삶뿐 아니라 주변 사람들의 삶에서 무엇이 필요한지 자신이 이미 알고 있다고 생각했습니다. 그녀는 자신의 판단을 의지했습니다.

사실 우리도 얼마나 똑같은지 모릅니다. 우리는 하루의 계획을 세우고, 인생의 계획을 세우고, 그리고 솔직히 말하면 사랑하는 사람들의 삶까지도 우리가 계획하려 합니다. 마르다처럼 우리는 모든 것을 정리해 놓고, 계획하고, 구조화합니다. 그런데 혹시… 그 과정에서 가장 중요한 한 가지를 놓치고 있는 것은 아닐까요?

예수님이 우리에게 주고 싶어 하시는 단 하나, 그분과 함께 머물고 그분의 음성을 듣는 것 말입니다.

'한 가지'를 찾아서

오랫동안 저는 밤이면 잠들지 못한 채, 해야 할 일들에 대한 책임감으로 마음이 눌려 있었습니다. 그 일들을 '제대로' 해내려면 내가 모든 걸 직접 다해야 한다고 느꼈습니다. 몇 해 전, 어느 지친 아침이 기억납니다. 복잡한 감정이 제 안으로 몰려왔고 완전히 지배당한 기분이었습니다. 결혼생활에서도, 어머니로서도, 아이들의 학업과 돌봄에서도, 제가 바라고 되고 싶었던 모습에 전혀 미치지 못한다고 느껴졌습니다. 모든 것이 너무 벅찼습니다.

저는 방으로 들어가 침대 옆에 무릎을 꿇고 주님께 울부짖었습니다.

"주님, 저를 도와주세요. 이 모든 걸 어떻게 해야 할지 가르쳐 주세요."

그때 주님은 제 마음에 아주 부드럽게 말씀하셨

습니다. 그분은 제게 아름다운 생각들을 보여주기 시작하셨습니다. 가볍고 단순한 계획들, 우리 온 가족에게 완벽하게 맞는 삶의 방식이었습니다. 하나님은 그 당시 저의 낮아진 마음 가운데 찾아오셔서 제게 보여주셨습니다. 그분의 길은 제가 스스로 아무리 열심히 고민해도 만들어 낼 수 없는, 더 완전한 길이라는 것을 말입니다.

하지만 그 전에 저는 반드시 한 가지를 인정해야 했습니다. 더 이상 나의 힘으로 모든 것을 해결할 수 없다는 사실. 저는 인생을 통제하려고 에너지를 소진하여 지칠 대로 지쳐 있었고, 정작 그분의 생명을 받지 못하고 있었습니다. 저는 제 삶의 모든 영역에서 그분의 음성이 절실히 필요했습니다.

갈림길

우리는 어느 순간 이런 사실을 깨닫게 될 때가 있

습니다. 주님께 나아가 주님의 계획을 들으려 하지
않고, 이미 스스로 세운 생각과 계획을 가지고 주님
앞에 나갔다는 것을 말입니다. 그리고 그 사실을 솔
직히 주님 앞에 고백하게 될 때, 우리는 인생의 방
향을 결정짓는 중대한 갈림길 앞에 서게 됩니다. 바
로 그 순간이, 통제하는 사람이기를 멈추고 주님을
따르며 사랑으로 다른 이를 섬기는 길로 돌아설 수
있는 기회입니다.

　우리는 선택의 자리 앞에 서 있습니다. 스스로의
생각과 계획에 눌려 살아갈 것인지, 아니면 마침내
주님께 나아가 자신을 맡기며 이렇게 고백할 것인
지 말입니다.

　"예수님, 이 시간 저의 모든 생각과 계획을
내려놓습니다. 종의 옷을 입고 오늘 이렇
게 주님께 나왔습니다.
　주님, 제 삶 가운데 주님의 뜻이 이루어지

길 원합니다. 제 눈은 주님께 향해 있고 저
는 주님의 음성에 귀 기울이고 있습니다."

우리집에는 칠판이 하나 있는데, 딸아이가 그곳
에 간단한 기도를 적어 두었습니다. 그 기도는 매일
저에게 주님의 인도하심이 필요하다는 사실을 상
기시켜 줍니다.

"아버지, 이 일에 대해 저에게 무엇을 말씀
하시고 싶으신가요?"

이 짧은 기도가 여러분 가정에서도 큰 복이 될 수
있습니다. 자주 볼 수 있는 곳에 두고 마음을 들여다
보는 기도로 삼으셔도 좋을 것입니다.
주님은 우리에게 말씀하시길 원하십니다. 우리가
붙들고 있는 생각과 계획과 해야 할 일들의 목록을
그분의 손에 맡기고, 우리가 온전히 내려놓기를 원

하십니다. 그것이야말로 우리의 마음이 필요로 하
는 쉼이며, 주님의 사랑을 새롭게 깨닫는 길이고,
완전히 새로운 삶이 시작되는 지점입니다.

주님은 제 삶 가운데 그 일을 행하셨습니다. 그리
고 저는 확신합니다. 주님께서 여러분의 삶 가운데
도 반드시 행하실 것입니다.

1. 하나님께서 주신 적 없는 '해야 할 일 목록'을 스스로 만들어
살고 있지는 않나요?

2. 요즘 내 마음을 가장 분주하게 만드는 것은 무엇인가요?

3. 나는 주님을 위해 일하고 있나요, 아니면 주님과 함께 머물
고 있나요?

5장 통제하는 사람들의 공통적인 특징

이세벨과 미리암, 그리고 마르다의 삶을 함께 살펴보면서, 그들의 이야기 속에서 자신의 모습을 발견하신 분들이 있을 것입니다.

그들의 여정은 통제가 얼마나 다양한 모습으로 나타나는지를 보여 줍니다. 어떤 통제는 대담하고 노골적으로 드러나며, 또 어떤 통제는 선한 의도 뒤에 숨어 미묘하게 나타납니다.

그러나 이러한 모든 통제의 형태 아래에는 동일한 뿌리를 가진 문제가 자리하고 있습니다. 재차 언급했듯 그것은 바로 두려움입니다.

통제하려는 사람들은, 자신이 붙들고 있지 않으면 모든 것이 무너져 버릴 것이라는 깊은 믿음을 마음에 품고 있는 경우가 많습니다.

거절에 대한 두려움이든, 상실에 대한 두려움이든, 혹은 하나님께서 결국 일하시지 않을 것이라는 두려움이든, 통제하는 사람의 마음은 하나님을 신뢰하는 데 어려움을 겪습니다.

두려움이 어떠한 결정에 영향을 주고 이끌기 시작할 때, 주님의 사랑 안에 안식하기보다 자신의 이해와 판단에 의지하게 됩니다.

우리는 나의 삶을 계획하고, 고치고, 관리하려 듭니다. 그리고 그렇게 하는 과정에서 하나님을 신뢰하는 자에게 약속하신 바로 그 평안을 잃어버리게 됩니다.

통제하려는 사람들은 대개 유능하고 책임감이 강한 사람들입니다. 그러나 그들의 강점이 하나님께 맡겨지지 않을 때, 그 강점은 오히려 그들을 무너뜨리는 원인이 됩니다. 부지런함과 리더십, 다른 사람을 향한 배려와 같은, 너무나 귀한 섬김의 자질들이 두려움과 불안에 의해 왜곡되면서 통제와 조종, 그리고 지나친 애씀으로 바뀌게 됩니다.

우리가 사랑이나 보호라고 여겼던 것이, 사실은 두려움의 다른 모습이었음을 깨닫게 될 때, 그 사실은 마음을 무겁게 합니다. 그러나 이러한 깨달음은 우리를 정죄하기 위한 것이 아닙니다. 주님께서는 그분의 선하심 가운데, 우리가 가지고 있던 통제하려는 성향을 마주보게 하시고, 마침내 결과에 대한

집착을 내려놓고 그것을 주님의 손에 맡기도록 우
리를 이끄십니다.

드러나는 통제의 모습

우리가 모두 같은 방식으로 통제를 드러내는 것
은 아니지만, 통제로 어려움을 겪는 사람들 사이에
는 공통된 성향이 있습니다. 이세벨과 미리암, 마르
다에게서 보았던 성품의 약점들은, 통제하려는 경
향을 가진 우리에게도 낯설지 않은 모습들입니다.

• 그들은 자신의 생각과 계획을 지나치게 높이 평
  가했습니다.
• 그들은 하나님이 어떤 분이신지에 대해 제한적이
  고 왜곡된 이해를 가지고 있었습니다.
• 그들은 자신의 생각을 멈추고 잠잠히 주님 음성에
  귀 기울이지 못했습니다.

• 그들은 하나님의 뜻을 따르기 위해 자신의 계획을 내려놓지 못했습니다.

통제하려는 경향을 지닌 우리에게 너무도 익숙한 이러한 성품의 약점들은, 종종 우리를 지치게 하고 진정으로 중요한 것에서 마음을 빼앗아 가며, 결국 하나님이 어떤 분이신지에 대해 제한되고 왜곡된 시각을 갖게 만듭니다.

우리 역시 때때로 그분을 따르는 일에 망설이고 있지는 않습니까? 아가서 5장에서, 신부는 사랑하는 이, 곧 왕의 음성을 듣습니다. 이 왕은 우리의 참된 왕이신 예수님을 상징하며, 신부에게 일어나 자신을 따르라고 부르십니다. 그러나 신부는 망설입니다. 왜 그랬을까요?

혹시 그녀가 자신의 삶에 너무 익숙해져 있었던 것은 아닐까요? 아니면 자신의 계획과 타이밍, 자신의 방식이 지나치게 옳다고 여겼던 것은 아닐까요?

그러나 솔직히 말해, 저는 이 젊은 여인의 모습 속에서 때때로 제 자신을 발견합니다.

하나님은 언제나 자비로우신 분이십니다. 하나님께서는 한때 제 살아가던 방식이었던, 통제의 삶을 보게 하셨습니다. 저는 진심으로 다른 사람들을 돌보고 있다고 믿었지만, 돌봄과 통제의 경계는 생각보다 너무 쉽게 흐려집니다. 저는 제가 도움이 되고 있다고 생각했지만, 사실은 속고 있었습니다.

앞선 장에서 우리는 얼마나 우리가 쉽게 속을 수 있는지를 보았습니다. 우리의 생각이 반드시 악한 것은 아닙니다. 다만 전적으로 신뢰할 수 없다는 데 문제가 있습니다. 우리는 어떤 것이 우리의 행복에 꼭 필요하다고 여기지만, 실제로는 그 가치가 생각하는 것보다 훨씬 작을 수 있습니다. 반대로, 어떤 것을 대수롭지 않게 여기며 지나칠 때도 있지만, 실제로는 그것이 우리의 영적 건강에 매우 중요한 것일 수 있습니다.

그렇기에 우리의 생각이 바로잡힐 필요가 있습니다. 그리고 여기에는 참으로 기쁜 소식이 있습니다. 주님의 교정은 부드럽고, 영혼을 치유하며, 우리를 향한 사랑의 표현이라는 사실입니다. 우리의 마음이 얼마나 쉽게 나의 노력으로 기울어지는지를 아시는 주님께서는, 은혜의 손길을 내밀어 우리를 쉼으로 초대하십니다.

"너희는 따로 한적한 곳에 가서
잠깐 쉬어라"(막 6:31)

주님께서는 우리 영혼이 숨을 고를 수 있는 순간, 간절히 필요한 그 쉼의 시간이 필요하다는 것을 아십니다. 마음을 잠잠하게 하고, 그분의 변함없는 사랑 안에 머물며 그 사랑을 받아 누리고… 다시 그분을 사랑하도록 우리를 이끄십니다.

그분의 선하심과 능력을 기억할 때, 우리의 마음

은 새로워지고, 하늘보좌를 버리고 우리를 위해 낮고 낮은 이 땅에 오신 주님의 사랑을 온전히 경외하게 됩니다. 그제야 우리 영혼은 참된 쉼을 얻습니다. 그러나 통제하려는 경향을 계속해서 붙잡고 있다면 쉼은 쉽게 주어지지 않습니다. 그래서 주님께서는 시편 46편 10절에서 이렇게 권면하십니다.

> "너희는 가만히 있어
> 내가 하나님 됨을 알지이다"

주님께서는 우리가 분주한 삶에 지쳐 있고, 쉽게 마음이 분산되며, 그로 인해 잘 잊어버린다는 사실 또한 알고 계십니다.

기억해야 할 것

최후의 만찬 자리에서 예수님께서는 친구들의 발

을 씻기시며 섬김의 본을 보이셨고, 그들에게 식사를 대접하셨습니다. 그리고 떡과 잔을 주신 후, 이런 명령을 남기셨습니다.

"이를 행하여 나를 기념하라"(눅22:19)

나를 기억하라.

우리는 그분이 누구신지 잊어버릴 때 통제하려 듭니다. 우리의 생각에 사로잡혀 있을 때, 우리는 마치 모든 것이 우리의 계획과 능력, 부지런함에 달려 있는 것처럼 살아가기 시작합니다. 그러나 그분이 누구신지를 기억할 때, 우리의 마음은 쉼을 얻게 됩니다. 우리가 짊어지고 있던 무게가 조금씩 내려놓아지기 시작합니다.

통제하려는 사람들은 대개 쉽게 마음이 분산되고, 그로 인해 하나님이 어떤 분이신지에 대해 제한되고 왜곡된 시각을 갖게 됩니다. 우리는 마르다가 예수님께 했던 말을 기억합니다.

"주님, 내 동생이 나 혼자 일하게 두는 것을
아무렇지 않게 생각하십니까?"(눅 10:40)

예수님께서 그녀에게 부드럽게 이렇게 물으셨을
장면을 떠올려 보십시오.

"무엇을 혼자서 다 해야 한다고 생각하니,
마르다? 너에게 그 모든 일을 감당해야 한
다고 누가 말해주었니? 이리 와서 내 곁에
앉아 봐, 마르다. 너를 위한 더 쉬운 길을 내
가 알고 있어. 들어보렴."

그리고 저는 마르다의 대답이 들리는 듯합니다.
왜냐하면 그것은 종종 제 대답이기도 하기 때문입
니다.

“전 그럴 수 없어요.
주님 옆에 앉으면 지금까지 해 왔던
모든 것이 무너질 거예요.”

예수님께서 마르다를 바로잡으신 것은 그녀를 부
끄럽게 하시기 위함이 아니라, 평안을 주기 위함이
었습니다. 그분은 날카롭지 않게, 인자하심으로 말
씀하셨습니다.

“마르다야, 마르다야,
네가 많은 일로 염려하고 걱정하는구나.
그러나 꼭 필요한 것은 한가지뿐이란다.”

주님께서는 제 마음에도 여러 번 이렇게 속삭이
셨습니다.

“베벌리야, 많은 일로 마음이 분주하구나.

이리 와, 나와 함께 있자. 좀 쉬어도 돼.
너무 애쓰는 모습이 안쓰럽구나.
딸아,
모든 것을 다 하려고 하지 않아도 된단다.”

충분히 속도를 늦추어 주님께 귀를 기울이자, 그분과의 교제로 저를 초대하고 계심을 알 수 있었습니다. 그분의 임재는 제 마음속 소음을 잠잠하게 하고, 제 마음을 그분의 진리 위에 다시 정렬해 주십니다. 우리가 통제하려는 수고 대신, 그분의 발치에 앉기를 선택할 때, 우리는 마침내 이렇게 고백하게 됩니다.

“주님, 주님이면 충분합니다.
주님을 신뢰합니다. 주님은 선하십니다.”

통제하는 사람은 말합니다.

“내가 이것을 붙잡고 있어야 합니다.”

그러나 섬기는 사람은 말합니다.
“그분이 나를 붙잡고 계십니다.”

지금 당신을 향한 그분의 음성이 들리시나요?
그분의 마음이 전해지나요?

“와서 나와 함께 있자꾸나.
네가 생각하는 것보다 훨씬 더
내가 너를, 세밀하게 돌보고 있어.
그리고 나에게는
너를 향한 눈부신 계획이 있단다.”

우리의 많은 스트레스와 불안, 그리고 그로 인한
통제하려는 마음은, 하나님과 그분의 사랑을 왜곡
되게 바라보는 데서 비롯된 것은 아닐까요?

혹시 우리가 하나님이 어떤 분이신지를 잠시 잊고 있었던 것은 아닐까요? 그리고 그분께서 우리를 붙들고 계시다는 사실을 잊고 있었던 것은 아닐까요?

무덤 앞에서 배운 교훈

나사로의 무덤 앞에 서 있는 마르다의 모습을 우리는 다시 보게 됩니다. 그녀는 예수님께서 오셨더라면 자신의 오라버니를 고치실 수 있었음을 알고 있었습니다. 그러나 예수님께는 다른 계획이 있으셨습니다. 그것은 나사로를 죽음에서 다시 살리시는 것이었습니다.

예수님께서 마르다에게 무덤의 돌을 옮기라고 말씀하셨을 때, 그녀는 즉시 왜 그것이 좋지 않은 생각인지를 하나하나 말하기 시작했습니다. 그녀는 예수님께서 오라버니가 죽기 전에 오셨어야 한다는 생각이 굳건했습니다.

통제하려는 경향이 있는 우리는 종종 자신의 계획만이 옳다고 굳게 믿습니다. 그래서 예수님의 말씀을 듣고도 이제 이미 늦었다고 생각했습니다. 그럼에도 불구하고 예수님께서는 말씀하셨습니다.

"돌을 옮겨라."

그래서 그 남자들은 (아마도 처음에 그 돌을 굴려 놓았던 바로 그 사람들) 아무 말도 하지 않았습니다. 그들은 질문하지 않았습니다. 종들이 그러하듯, 그저 순종해 돌을 옮겼습니다. 그 결과는 그 자리에 있던 누구도 상상할 수 없던 것이었습니다. 죽음에서 생명이 나왔습니다. 기적이 일어난 것입니다.

혹시 하나님께서 당신에게 이해할 수 없는 어떤 일을 요청하고 계시지는 않습니까? 하나님께서 옮기기를 원하시는 어떤 '돌'이 있지는 않습니까?

분노입니까?

용서하지 못함입니까?

절망입니까?

두려움입니까?

통제입니까?

마르다처럼, 기적이 일어나기에는 너무 늦었다고 생각하고 있지는 않습니까?

그녀가 어떤 생각을 하고 어떤 감정을 느꼈을지 상상해 보십시오.

"주님, 저는 할 수 없어요.

주님 말씀대로 하면 상황이 더 나빠질 거예요. 죽음의 냄새가 사방에 퍼질 거예요.

이 돌은 여기 있어야 해요.

제 오라버니는 죽었고, 주님은 늦으셨어요. 이제 저는 그저 슬퍼하며 실망한 채 살아갈 수밖에 없어요."

그러나 하나님의 계획은 나사로의 병을 고치는 것이 아니었습니다. 그분의 계획은 죽은 나사로를 다시 살리는 것이었습니다.

예수님께서 마르다에게 요청하신 것은 단 한 가지였습니다. 그분을 신뢰하고, 그분께 순종한 뒤, 하나님께서 하실 일을 지켜보라는 것이었습니다.

그리고 그것이 바로, 그분께서 우리에게 요청하시는 전부입니다.

우리의 계획이 무너질 때

우리의 삶에는 마음이 찢어질 듯한 일들이 일어납니다. 그리고 하나님께서 우리를 위해 세우신 계획이, 반드시 그 상황을 바꾸는 것이 아닐 수도 있습니다. 그것은 우리가 세웠던 계획과는 전혀 다를 수 있습니다. 통제하려는 우리는 참으로 많은 계획을 세웁니다.

통제하려는 경향이 있는 우리에게, 그럴듯해 보이는 자신의 계획을 내려놓는 일은 정말 어려운 일입니다. 그러나 우리가 잊지 말아야 할 것이 있습니다.

"사람의 마음에는 많은 계획이 있어도 오직 여호와의 뜻만이 완전히 서리라"(잠 19:21)

우리가 붙들고 있는 어떤 소망이나 꿈도, 하나님께서 우리를 위해 예비하신 것과는 비교할 수 없습니다. 그분의 계획, 그분의 뜻은 언제나 우리에게 생명을 주시는 데 있습니다.

하나님을 신뢰한다고 입으로 말하는 것과, 우리의 세계가 무너지고 우리가 바라던 것이 결코 이루어지지 않을 때에도 그분을 여전히 신뢰하는 것은 전혀 다른 일입니다.

마르다와 마리아가 바로 그 자리에 서 있었습니

다. 오라버니가 죽은 후, 마르다와 마리아는 깊이 슬퍼했습니다. 예수님께서도 그들과 함께 슬퍼하셨습니다. 그들은 아직 예수님이 어떤 분이신지를 참으로 알지 못했고, 그분을 온전히 신뢰하지 못했습니다.

예수님께서는 눈물을 흘리셨습니다. 그분은 우리가 슬플 때 함께 슬퍼하십니다. 특히 우리가 그분이 누구신지를 알지 못해 슬퍼할 때, 더욱 그러십니다.

그분은 우리를 불쌍히 여기십니다. 저는 하나님께서 우리가 서로에게 베푸는 그 어떤 것보다도 훨씬 더 크고 놀라운 긍휼을 우리에게 베푸신다고 믿습니다.

> "우리가 어떻게 만들어진 것을 아시며 우리가 먼지에 불과한 존재임을 기억하심이라."
>
> (시 103:14)

사랑하는 여러분,

제 어머니는 병상에서 일어나지 못하셨고, 우리 교회는 무너졌으며, 제 자녀들은 마음 깊이 상처를 입고 아파했습니다. 이것들은 제 계획이 아니었고, 바라던 일도 아니었습니다. 그러나 주님께서는 새로운 기도를 드릴 수 있도록 저를 도와주셨습니다.

"제가 원하는 것이, 주님께서 제게 예비하신 것을 기로막지 않게 해 주세요."

하나님은 신실하신 분이십니다. 그분께서는 약속하신 일을 반드시 이루십니다. 어떤 상황 속에서도 하나님의 목적은 분명합니다. 그것은 우리가 그분을 알고, 그분의 사랑을 알고, 다시 그분을 사랑하게 되는 것입니다.

"너희 안에서 착한 일을 시작하신 이가

이것이 바로, 참된 평안입니다.

깊은 숨 고르기

평안은, 우리의 뜻을 그분의 뜻에 맡기는 법을 배워 갈 때 주님께서 사랑으로 우리를 이끌어 주시는 자리입니다. 예수님께서는 겟세마네 동산에서, 마음 깊은 곳의 소원을 아버지께 아뢴 후, 가장 온전히 자신을 내어 맡기는 기도를 드리셨습니다.

"…아버지여 만일 아버지의 뜻이거든 이 잔을 내게서 옮기시옵소서 그러나 내 원대로 마시옵고 아버지의 원대로 되기를 원하나이다…"(눅 22:42)

예수님을 따르는 우리 역시, 그와 같은 기도를 드릴 수 있어야 합니다. 그러려면 주님의 도움이 필요합니다. 오랫동안 내 삶을 지켜 줄 거라 믿으며 붙들어 왔던, 두려움에서 비롯된 통제를 놓기 위해서도 우리는 그분의 도움이 필요합니다.

이 땅에서 허락된 이 짧은 시간을 살아가는 동안, 주님을 신뢰하며 따르기 위해 우리는 그분의 도움이 필요합니다. 우리가 살아가는 이 세상과는 전혀 다른 나라, 주님만 에배하며 주님의 영광으로 가득한 하나님 나라를 위해 살아가기로 결단하려면 더욱더 그렇습니다.

또한 우리의 관계와 재정과 건강, 가정과 나라에 어떤 일이 일어나든지, 하나님의 뜻이 반드시 이루어질 것임을 신뢰하며 주님께 순종하기 위해서도 우리는 그분의 도움이 필요합니다.

이제 저와 함께, 겸손히 주님 앞에 내려놓음의 기도를 드려보겠습니다.

하늘에 계신 하나님 아버지,

두려움과 통제에서 돌아서도록 저를 도와
주시고, 섬기는 사람이 되는 법을 가르쳐
주시길 간구합니다. 주님의 인도하심을 기
다리게 하시고, 주님의 뜻이 선하고 영원
하며 제게 가장 좋은 것임을 진심으로 믿
게 해 주세요. 주님의 인자하심이 회개로,
새로운 생각과 믿음으로 이끈다고 말씀하
셨으니, 지금 저에게 그 인자하심이 간절
히 필요합니다.

제 마음을 살펴 주시고, 기쁨이 없고 지치
게 만드는 제 삶의 영역들을 드러내 주시길
기도합니다. 두려움으로 비롯된 모든 통제
하려는 생각과 계획을 주님의 사랑하시는
손에 모두 맡기길 원합니다.

제가 통제를 온전히 내려놓고, 해야 할 목
록들을 버리고, 마리아의 본을 따라 주님

앞에 잠잠히 머물며, 주님의 말씀을 듣게 해주세요. 주님께서 제게 예비하신 계획이 언제나 선하며 소망과 미래를 주는 계획임을 신뢰하기로 결단합니다.

주님 감사합니다. 사랑합니다. 예수님 존귀하신 이름으로 기도드립니다. 아멘.

1. 마르다처럼 내가 정한 때보다 주님이 너무 늦게 응답을 주시는 것 같아서 불평을 했던 일이 있나요?

2. 내가 계획하고 원하는 바가 있었지만, 하나님이 다르게 응답을 해주셨는데 결과적으로 나의 계획보다 그분의 계획이 더 좋구나 느꼈던 적이 있나요?

3. (남편이나 자녀 등) 통제하다가 관계가 어긋난 경험이 있나요?

2부
섬기는 마음의
아름다움

통제하려는 사람과 섬김을 선택하는 사람 사이에 뚜렷한 대비가 나타나는 것을 보게 됩니다. 통제를 추구하는 사람은 대개 두려움에 의해 움직입니다. 섬김을 선택하는 사람은 신뢰가 그 마음 바탕에 있습니다.

통제하려는 사람은 자신의 말을 들어주길 요구합니다. 섬김을 선택하는 사람은 귀 기울여 듣습니다.

통제하려는 사람은 자신의 계획이 이루어지도록 애씁니다. 섬김을 선택하는 사람은 하나님을 신뢰하며 기다립니다.

이 책의 1부에서 우리는 이세벨과 미리암, 그리고 마르다라는 세 여인을 살펴보았습니다. 그들이 자신의 상황을 통제하려 했던 시도는 결국 그들을 지치게 했고 슬프게 만들었습니다. 그들의 이야기는, 우리의 마음 역시 얼마나 쉽게 신뢰 대신 나의 수고로 기울어지는지를 일깨워 줍니다.

이제 우리는, 신뢰에 기초한 순종을 통해 하나님의 뜻이 이루어지도록 쓰임 받았던 여인들에게로 시선을 옮기려 합니다. 그들의 삶을 통해 섬기는 마음으로 살아갈 때 누리게 되는 평안이 무엇인지 배우게 될 것입니다. 곧, 자신을 맡기고, 쉼을 누리며, 하나님께서 우리의 내어드린 삶을 통해 일하시도록 신뢰한다는 것이 무엇인지를 알게 될 것입니다.

6장 마리아

누가복음 1장에서 우리는 섬기는 마음을 지닌 한 젊은 여인을 만납니다. 바로 마리아입니다.

통제와 섬김의 차이를 가르쳐 달라고 주님께 계속해서 구해 나가는 가운데, 마리아의 조용하고 자신을 내어 맡긴 모습은 우리가 앞서 살펴본, 자신의 상황을 통제하려 했던 여인들과 아름다운 대조를 이룹니다. 우리는 마리아에게서 배울 것이 참으로 많습니다.

마리아는 삶의 방향을 완전히 뒤흔들 수밖에 없는, 인간의 눈으로 보기에는 도저히 받아들이기 어려운 하나님의 메시지를 받았습니다. 그럼에도 불구하고 그녀의 대답은 이러했습니다.

"주의 여종이오니
말씀대로 내게 이루어지이다"(눅 1:38)

마리아에게서 우리는 겸손과 준비된 마음과 자신을 내어드릴 줄 아는 결단을 봅니다. 그리고 그 안에서 신뢰를 봅니다. 저는 그녀의 마음을 생각할 때마다 경이로움을 느낍니다.

어떻게 한 사람이 이처럼 온전히 하나님의 뜻에 자신을 맡길 수 있을까요? 마리아 역시 자신의 삶을 위해 세웠던 많은 계획들이 있었을 것입니다. 그러나 그녀는 그것들을 마치 새를 하늘로 날려 보내듯,

모두 내려놓았습니다.

이후 누가복음 2장에서, 목자들이 천사들에게서 들은 말을 마리아에게 전했을 때, 우리는 이런 말씀을 읽게 됩니다.

"마리아는 이 모든 말을
마음에 새기어 생각하니라"

마리아는 자신의 마음을 잠잠하게 했습니다. 그녀는 깊이 묵상했습니다. 들려오는 모든 것을 이해하려 애쓰지 않았습니다. 대신 주님의 말씀에 귀 기울였고, 그것을 마음에 간직했습니다.

묵상하는 태도는 섬기는 사람의 자세입니다. 애쓰는 태도는 통제하려는 사람의 자세입니다. 마리아는 묵상하기를 선택했습니다.

우리는 두려움의 크기만큼 통제하려 듭니다. 그리고 신뢰의 깊이만큼 섬기게 됩니다. 마리아의 삶은 우리를 신뢰로 초대합니다.

시편에서는 주님을 신뢰했던 또 다른 사람을 만나게 됩니다. 바로 다윗 왕입니다.

"하나님이여 나를 살피사 내 마음을 아시며

나를 시험하사 내 뜻을 아옵소서

내게 무슨 악한 행위가 있는지 보시고

나를 영원한 길로 인도하소서"(시 139:23~24)

누군가에게 마음을 열고 이렇게 말하기 위해서는, 연약함을 드러낼 용기와 신뢰가 필요합니다.

"저를 살펴주세요.

저를 알아주세요.

저를 봐주세요.

저를 인도해 주세요."

이것은 신뢰의 표현입니다.

다윗은 자신의 마음이 하나님 안에서 안전하다는 것을 알고 있었습니다. 자신을 사랑하시는 분의 임재 안에서, 그는 안전했습니다. 그래서 그는 자신의 모든 소망과 두려움, 갈망을 숨김없이 하나님께 내어놓을 수 있었습니다. 그는 먼저 삶의 방향을 정해 놓고 그다음 단계를 전략적으로 짜지 않았습니다. 다윗은 하나님께서 인도해 주시기를 전적으로 의지했습니다.

이것이 신뢰의 삶입니다. 이것이 섬기는 사람의 삶입니다. 그래서 우리는 스스로에게 묻게 됩니다.

하나님과 다른 사람들을 섬기는, 이처럼 연약함을 감수해야 하는 삶에 나 자신을 기꺼이 내어드릴 수 있을까?

앞서 우리는 통제하려 했던 사람들의 특징과 그로 인한 삶의 결과를 보았습니다. 그리고 그것이 우리가 닮고 싶지 않은 삶의 모습임도 확인했습니다.

그렇다면 우리는 어떻게, 하나님과 이웃을 섬기는 삶의 방식으로 전환할 수 있을까요?

예수님에게서 배우기

한 가지 분명한 사실이 있습니다. 섬김에 관한 책으로는 섬기는 법을 배우지 못한다는 것입니다. 또 바쁜 일상 가운데 애써 섬김처럼 보이는 활동들을 더 많이 끼워 넣는다고 해도 온전한 섬김은 배울 수 없습니다.

우리는 무엇이든 배울 때 춤을 추든, 그림을 그리든, 비행기를 조종하든 그것을 잘 아는 사람과 함께 시간을 보낼 때 진정으로 배우게 됩니다. 우리가 배우고자 하는 것에 능숙한 사람과 함께하는 시간을 통해서 말입니다.

"인자가 온 것은 섬김을 받으려 함이 아니라

도리어 섬기려 하고 자기 목숨을 많은 사람의 대속물로 주려 함이니라"(막 10:45)

우리는 예수님과 함께 시간을 보냄으로써 섬기는 법을 배우게 됩니다. 예수님께서는 자신을 섬기는 자로 선포하셨습니다. 그리고 그분의 삶 자체가 섬김이 무엇인지를 말해줍니다. 그러니 우리가 섬기는 법을 배우고자 한다면, 그분 곁에 머무르는 것보다 더 좋은 방법이 어디 있겠습니까?

생명으로 이끄는 선택

앞서 만났던 세 여인은 모두 통제를 통해 자신의 목적을 이루려 했습니다. 그러나 그들의 노력은 잠언 14장 12절이 경고하듯, 결국 '사망의 길'로 끝났습니다. 그것은 그들이 그토록 원하던 결과에 이르지 못한, 또 다른 형태의 죽음이었습니다.

우리 역시 통제의 자리를 내려놓을 수 없다고 스스로를 속이기 쉽습니다. 상황을 충분히 잘 관리할 수만 있다면, 결국 우리가 원하는 결말에 이르게 될 것이고, 그러면 마침내 평안을 누리게 될 것이라고 믿기 때문입니다. 우리는 숨을 깊게 내쉴 수 있는 그 순간을 고대하며 살아갑니다.

그러나 하나님께서는 우리를 향한 크신 사랑 가운데, 우리가 그토록 바라는 평안이 그분이 아닌 다른 무엇이나 누군가에게서 비롯되지 않도록 지켜 주고 계시는 것은 아닐까요? 그분은 우리의 숨을 주관하십니다. 그분이 우리의 평안입니다.

그리고 마리아는 이 평안을 알고 있었습니다.

주님께서 들려주시는 이 초대의 음성이 들리시나요?

"…지금 가지고 있는 것으로 만족해야 합니다. 주님께서 친히 말씀하시기를 '내가 결코

너를 떠나지도 않고, 버리지도 않겠다' 하셨
습니다."(히 13:5)

만족함은 이렇게 설명되곤 합니다. 그것은 고통
을 막기 위한 방어가 아니라, 마음 둘레에 경계를
세우는 의도적인 선택입니다. 그 경계는 거룩한 울
타리와 같아서, 그 안에서는 평안을 위해 더 보태야
할 것도, 덜어내야 할 것도 없습니다.

그것은 고요함을 의도적으로 세우는 일이요, 욕
망을 절제하는 일이며, 지금 이 순간을 충분하고 완
전한 것으로 존중하는 태도입니다.

마리아는 자신의 안녕을 스스로 확보해야 한다
는 짐을 지고 살지 않았습니다. 그녀의 삶은, '평안
을 위해 더할 것도, 덜어낼 것도 없는 거룩한 울타
리'와 같았습니다. 그녀는 자신의 삶을 하나님께 온
전히 맡겼습니다.

방향의 전환

마리아는 자기가 자신의 주인이 아님을 알았습니다. 그녀는 겸손히 자신을 '주의 여종'이라 고백했습니다. 그러나 가브리엘 천사가 마리아를 찾아와 건넨 인사에 대한 그녀의 첫 반응은 '혼란'이었습니다.

누가복음 1장 29절은 이렇게 전합니다.

"처녀가 이 말을 듣고 놀라
이런 인사가 어찌함인가 생각하매."

마리아는 이해하지 못했습니다. 이것은 그녀의 일상에서 전혀 예상치 못한 사건으로 다가온 것입니다.

그녀는 그저 자신의 삶을 살아가고 있었을 뿐인데, 갑작스럽게 마주한 것은 잠깐의 우회가 아니라, 현재의 삶과 미래 전체까지도 뒤바꾸는 상상할 수 없는 방향 전환이었습니다.

천사는 마리아에게 그녀의 삶에 일어날 이 '방향
의 전환'을 알리기 전에, 먼저 주님께서 그녀를 향
해 품고 계신 마음을 전했습니다. 그녀가 무엇보다
먼저 듣기를 원하셨던 말씀입니다. 그리고 주님께
서 지금 우리에게도 들려주고 싶어 하시는 말씀입
니다.

"…은혜를 받은 자여 평안할지어다

주께서 너와 함께 하시도다…

무서워하지 말라…"(눅 1:28~30)

주님께서는 마리아를 위로하셨습니다. 그리고 주
님께서는 우리 또한 위로하시기 원하십니다. 우리
앞에 놓인 이해할 수 없고, 통제할 수 없는 일들에
우리가 두려워하지 않게 하기 위해서입니다.
　지금 당신을 향한 그분의 마음의 음성이 들리시
나요?

너는 은혜를 입은 자란다.

너는 내게 너무나 귀한 존재야.

내가 너와 언제나 함께하고 있어.

두려워하지 말렴.

의심이 아닌 질문

주님께서는 천사를 통해 마리아에게 그녀를 위한 계획, 더 나아가 온 인류를 위한 계획을 알리셨습니다. 그것은 인간의 눈으로 보기에는 도저히 가능해 보이지 않는 계획이었습니다.

마리아의 대답, "어찌 이 일이 있으리이까?"라는 말은 그녀의 부드러운 마음을 드러냅니다. 이것은 의심이나 부정이 아니었습니다. 그녀의 진심에서 나온, 누구든 납득할만한 질문이었습니다.

우리는 여기서 그녀의 친족 사가랴와의 분명한 대비를 봅니다. 사가랴는 나이 많은 아내가 임신하게 될 것이라는 자기 생각에 '불가능해 보이는' 소식을 듣고 이렇게 반응했습니다.

"내가 이것을 어떻게 알리요?"

(현대인의 성경 '나는 늙었고 내 아내도 나이가 많은데 어떻게 이런 일이 있을 수 있습니까?')

그의 반응에는 '불가능한 일'에 대한 의심이 담겨 있었고, 메시지의 신뢰성을 따지는 태도, 마치 '증명해 보라'는 듯한 마음이 있었습니다.

누가복음 1장 20절에서 천사의 말을 통해 그의 마음이 분명히 드러납니다.

"네가 내 말을 믿지 아니하였으므로…"

그 결과로 그는 아홉 달 동안 말을 못하게 됩니다.

그러나 마리아의 마음은 달랐습니다. 그녀는 어

떤 일이 벌어진 건지 이해할 수 없어 '어찌 이 일이 있으리이까?'라는 혼란스러운 반응을 보였지만, 그녀의 마음은 하나님을 향한 신뢰로 곧 모든 것을 맡기며 겸손히 고개를 숙였습니다.

"마리아가 이르되 주의 여종이오니

말씀대로 내게 이루어지이다 하매

천사가 떠나가니라"(눅 1:38)

여기서 우리는 마리아 가진 성품의 아름다움, 곧 섬김의 아름다움을 봅니다.

섬기는 사람은 자신의 두려움과 혼란을 솔직하게 드러낼 수 있습니다. 마리아는 두려움을 느꼈지만, 자신의 마음을 숨길 필요가 없다는 것을 알고 있었습니다. 우리는 그녀를 통해 하나의 본이 되는 모습을 보고, 하나의 초대를 받습니다. 우리의 삶과 미래에 대한 염려가 있음에도, 언제든지 선하신 아버지께 나아가 그 마음을 내려놓을 수 있다는 초대입니다.

주님께서는 우리에게 속삭이십니다.

앞날이 아닌, 나를 바라보아라. 내가 너와 늘 동행하며 너를 향한 내 계획을 이룰 거란다.

마리아의 삶은, 섬기는 마음을 지닌 사람이 자신의 진솔한 질문을 주님 앞에 가져오면서도 여전히 그분을 신뢰할 수 있음을 보여 줍니다. 그녀는 하나님께 마음을 열었고, 그분의 사랑 안에서 쉼을 누렸습니다. 그녀는 섬김의 마음을 가진 사람이었습니다. 그녀는 자신을 붙잡고 있는 하나님이 어떤 분이신지 알았고, 그분을 신뢰했습니다.

"주께서 하신 말씀이 반드시 이루어지리라고 믿은 그 여자에게 복이 있도다"(눅 1:45)

우리는 마리아를 보면서 하나님을 향한 전적인

신뢰를 가진 섬김의 사람이 어떤 모습인지를 배웁니다. 그리고 이 아름다운 신뢰를, 주님께서는 우리의 마음 속에도 빚어 가기 원하십니다.

주인의 사랑을 신뢰하는 섬김의 마음

섬기는 사람은, 주인이 무엇을 요구하시든 그 일이 아무리 어렵게 느껴질지라도 그분께서 그 일을 감당할 수 있도록 필요한 모든 은혜를 반드시 공급해 주신다는 것을 압니다. 그것이 구체적인 섬김의 행동일 수도 있고, 사랑하기 어려운 사람들을 용서하고 사랑하는 일일 수도 있습니다.

어떤 경우이든 주인은 그분의 계획을 이루도록 섬기는 이를 홀로 남겨 두지 않으십니다. 그분께서 친히 인도하시며, 우리는 그저 신뢰하고 따르기만 하면 됩니다.

요한복음 15장 4~5절을 보면, 우리가 주님께서

부르신 삶을 살아가는 유일한 길, 그리고 그 삶에서 열매를 맺는 것은, 주님 곁에 머무르며 주님과 연결되어 있는 것임을 분명히 말씀하십니다.

> "내 안에 거하라 나도 너희 안에 거하리라 가지가 포도나무에 붙어 있지 아니하면 스스로 열매를 맺을 수 없음 같이 너희도 내 안에 있지 아니하면 그러하리라 나는 포도나무요 너희는 가지라 그가 내 안에, 내가 그 안에 거하면 사람이 열매를 많이 맺나니 나를 떠나서는 너희가 아무 것도 할 수 없음이라"

그리고 주님께서는 이 아름다운 초대를 덧붙이십니다.

> "나의 사랑 안에 거하라"(요 15:9)

지금 이 순간, 잠시 멈추어 당신을 격려하는 말을 전하고 싶습니다.

어쩌면 저처럼, 당신도 매일 아침 신뢰와 사랑이 가득한 섬김의 마음으로 눈을 뜨기를 진심으로 원하고 계실지 모릅니다. 주님의 사랑 안에 거하며, 그 사랑에 응답해 주님을 사랑하는 마음으로 하루를 시작하고 싶을 것입니다. 그러나 현실은 종종 다릅니다. 우리는 많은 날들을, 마음속에서 이미 전쟁이 시작된 상태로 눈을 뜹니다.

'오늘도 해야 할 일이 너무 많은데 어떻게 다 하지? 이 깨어진 관계를 회복할 수 있을까? 분명 알고 있었는데도 어제 왜 또 넘어졌을까?'

그 싸움은 끝없이 이어집니다. 우리는 매일 아침 "하나님, 주님은 참으로 선하십니다. 사랑합니다."

라고 말하며 일어나지 못하는 자신을 보며 마음 아
파합니다. 그러나 지금, 당신을 향한 주님의 음성이
들리시나요?

(요 20:29)

주님께서는 당신에게 이렇게 말씀하고 계십니다.

"너는 나를 본 적이 없지만, 나를 믿고 있
어. 그런데 너의 마음속에는 매일 싸움이
일어나고 있지. 하지만 너는 보이지 않는
소망을 붙들기로 선택 했구나. 너는 나를
선택했어. 고맙다. 사랑한다."

예수님께서는 바로 그 싸움의 자리에서, 당신을
'복되다'고 하십니다. 주님께서는 당신이 생각하는

것보다 훨씬 더 큰 긍휼을 당신에게 품고 계십니다. 그분의 사랑 안에서, 주님께서는 이렇게 말씀하십니다.

"내가 온 것은 양으로 생명을 얻게 하고
더 풍성히 얻게 하려는 것이라"(요 10:10)

주님께서는 당신이 그분의 마음을 알기 원하십니다. 그리고 당신에게 풍성한 생명을 주시기 원하십니다.

풍성한 생명

마르다는 많은 선한 일에 헌신하며, 자신이 진정으로 예수님을 섬기고 있다고 확신하고 있었습니다. 그러나 그녀의 지친 모습을 보신 예수님께서는, 비록 그녀의 진심에서 비롯된 일이었지만 오래 남는 가치는 없었던 '그녀의 수많은 선한 계획들'에서 마르다를 건져 내고 싶어 하셨습니다.

왜 그 계획들이 오래 남을만한 가치가 없었을까요? 이유는, 그것들이 예수님과 함께함에서 나온 것이 아니었기 때문입니다. 그분의 음성에 귀 기울이고, 그분의 인도하심을 받는 데서 비롯된 것이 아니었죠. 다시 말해, 그 계획들은 사랑에서 나온 것이 아니었습니다. 사랑에서 나오지 않은 것은 열매를 맺지 못합니다.

주님 사랑의 부르심에 응답하여 행한 가장 단순한 말 한마디, 가장 작은 행동 하나는 오래 남는 가치를 지닙니다.

"빼앗기지 아니하리라"(눅 10:42)

나의 계획에 협조하지 않는 사람들로 인해 마음이 답답해진다면, 그것은 더 이상 섬기고 있는 것이 아니라 통제하고 있는 것은 아닐까요?

주님께서는 우리를 섬김의 사람이 지닌 신뢰하는 마음으로 초대하십니다. 마리아에게서 보았던 바로 그 마음입니다. 주님께서는 우리가 더 이상 스스로 계획을 짜내느라 애쓰지 않고, 인도하심에 귀기울이며 살아가는 평안한 삶을 온전히 누리길 원하십니다.

당신은 직장이나 학교로 향하고 있을지도 모릅니다. 아이들을 돌보고, 음식을 준비하고, 빨래를 하며 하루를 보내고 있을지도 모릅니다. 이 땅에서의 삶은 날마다 계속해서 흘러갑니다. 그러나 하루를 살며 순간 순간 그분을 따를 때, 주님께서는 우리와 함께 계시며 사랑하시고, 말씀으로 인도하시며, 모든 상황 속에서 사랑하도록 마음을 이끄십니다.

선한 목자이신 그분의 인도하심에 "예"라고 더 많이 응답하며 따를수록 그분의 음성을 더욱 분명히 듣게 됩니다.

"내 양은 내 음성을 들으며 나는 그들을 알
며 그들은 나를 따르느니라"(요 10:27)

주님께서는 가장 작은 일들 속에서, 가장 평범한
순간들 속에서, 우리 삶에 보내 주신 사람들을 사랑
하고 섬기도록 우리를 인도하십니다.

왜 그렇게 하실까요? 바로 주님의 마음이기 때문
입니다. 그분이 사랑 그 자체이기 때문입니다.

기쁜 소식은 섬김은 당신이 생각하는 것보다 훨
씬 더 쉬울지도 모릅니다. 기억하세요. 그분의 삶의
방식은 쉽고 단순하고 가볍습니다.

마리아는 하나님께서 자신의 삶 속에서 말씀하신
대로 반드시 이루실 것을 믿었습니다. 그녀는 하나
님의 계획을 자신이 성취해야 한다는 부담에 시달
리지 않았습니다. 하나님께서 크고 놀라우신 분이
시며, 자신을 붙드실 만큼 크신 분이시기에 하나님
의 뜻이 반드시 이루어질 것을 알았습니다.

하나님께서는 마리아에게 "이것이 네가 해야 할 일이다."라고 말씀하지 않으셨습니다. 오히려 본질적인 의미를 담은 말씀을 하셨습니다.

"마리아야, 이것이 내가 네 안에서,
그리고 너를 통해 하려는 일이다."

마리아의 믿음은 주님과 동행하는 여정을 살고 있는 우리를 돌아보도록 초대합니다. 특히 삶이 우리의 마음을 소용돌이치는 자리에서 말입니다. 삶은 때로 참으로 버겁습니다. 하나님께서는 우리가 그분의 사랑을 신뢰하도록, 그리고 그분 없이는 살아갈 수 없다는 사실을 진정으로 깨닫도록, 우리 삶에 매우 힘겨운 상황들을 허락하시기도 하십니다.

저는 평안하고 고요한 삶을 살아가는 많은 사람들을 알고 있습니다. 그들은 하나님의 사랑을 알고, 그분을 깊이 사랑합니다. 그리고 그들에게는 한 가지 분명한 공통점이 있습니다. 예외 없이, 그들 모두 큰 어려움의 시간을 지나왔다는 것입니다. 바로 그 어려움 속에서 그들은 하나님이 어떤 분이신지를 알게 되었고, 그분의 사랑을 신뢰하는 법을 배웠으며, 그분을 꼭 붙들게 되었습니다.

물 위를 걸으시는 예수님을 보았을 때, 베드로가 했던 말을 기억하시나요?

> "주여 만일 주님이시거든 나를 명하사
> 물 위로 오라 하소서"(마 14:28)

그 순간 베드로의 마음이 어떠했을지 상상해 보세요. 본질적으로 그는 이렇게 말하고 있었던 것입니다.

> "예수님, 주님께서 저와 함께 계시다는 것
> 을 안다면, 아무리 어려운 일이라도 주님

께서 부르시는 것은 무엇이든 할 수 있습
니다.”

그리고 예수님께서는 그저 한 마디 하셨습니다.

“오라.”

지금 하나님께서 당신에게도 물 위를 걸으라고
부르고 계신 것은 아닐까요? 도저히 가능해 보이지
않는 삶의 방식으로 당신을 초대하고 계신 것은 아
닐까요?

베드로의 시선이 예수님에게서 일렁이는 바람과
파도로 옮겨지는 순간, 그는 곧바로 물에 빠졌습니
다. 그리고 물 위를 걷는 일이 자기 안에 있는 능력
으로는 불가능하다는 사실을 깨달았습니다.

우리 역시 때때로 그렇습니다. 삶의 폭풍을 견뎌
낼 수 없는 자신의 연약함에 시선을 고정할 때, 사

랑하는 주님을 보지 못하게 됩니다.

그러나 예수님께서는 언제나 그 자리에 계십니다. 그분의 강한 손과 변함없는 사랑으로 우리를 붙드셔서, 다시 일어서도록 도와주십니다.

마리아에게서 배우기

삶과 관계 속에서, 통제하기보다 더 잘 섬기기 위해 우리는 마리아의 삶의 방식에서 무엇을 배울 수 있을까요? 두려움에서 비롯된 통제를 내려놓기 전에, 우리는 먼저 마리아가 그랬던 것처럼, 주님께서 자신을 향해 품고 계신 마음을 신뢰해야 합니다. 그 마음은 오늘 우리를 향한 마음이기도 합니다.

"…은혜를 받은 자여 평안할지어다
주께서 너와 함께 하시도다…
무서워하지 말라…"(눅 1:28~30)

주님께서는 마리아를 귀하게 여기셨습니다. 마리아와 함께 계셨습니다. 마리아가 두려워하기를 원하지 않으셨습니다.

마리아는 주님께서 자신을 어떻게 바라보고 계시는지를 알았기에, 그분 앞에서 연약해질 수 있었고, 그분을 신뢰할 수 있었습니다. 그래서 그녀는 주님께 "예"라고 말할 수 있었습니다. 그녀는 자신의 마음은 잠잠히 하고, 주님의 말씀을 깊이 묵상할 줄 알았습니다.

마리아는 자신의 명철을 의지하지 않았습니다. 그녀는 성경을 통해 이렇게 배우고 살아냈습니다.

"너는 마음을 다하여 여호와를 신뢰하고
네 명철을 의지하지 말라
너는 범사에 그를 인정하라
그리하면 네 길을 지도하시리라"(잠 3:5~6)

마리아는 이 말씀을 삶으로 살았습니다. 하나님의 계획을 온전히 이해할 수 없을 때에도, 그녀의 마음은 신뢰로 응답했습니다.

우리는 마리아를 통해, 모든 삶의 영역에서, 모든 관계 속에서, 모든 만남과 상황 속에서 주님을 인정하는 법을 배울 수 있습니다.

주님께서 마리아에게 하신 것처럼 천사의 방문을 통해 우리에게 말씀하시지는 않으실지라도, 주님은 지금도 성경을 통해 우리에게 말씀하고 계십니다. 우리는 이제 마리아의 본을 따라 온전한 신뢰로 주님께 이렇게 응답할 수 있습니다.

"예, 주님. 저는 주님의 종입니다.
주님의 뜻대로 이루어지길 원합니다."

주님을 마음 깊이 신뢰하고 이해하지 못하는 순간에도 "예"라고 말한 마리아처럼. 자신의 영혼을 잠잠히 하여 주님의 말씀을 묵상했던 마리아처럼.
통제하는 사람이 아니라, 섬기는 사람이 되기를…
우리 모두 이렇게 삶기를 축복합니다.
　이제 저와 함께 기도해 보면 어떨까요?

　주님,
　제가 전적으로 주님을 신뢰하게 도와주세
요. 통제하려는 마음을 내려놓을 수 있도
록 도와주세요. 제 영혼을 잠잠하게 하시
고, 주님의 사랑으로 제 마음을 붙들어 주
세요. 마리아처럼 저도 모든 걸 주님께 맡
기며 이렇게 고백하고 싶습니다.
　주님,
　저는 주님의 종입니다.
　제 삶 가운데 주님의 뜻이 온전히 이루어지
길 원합니다. 살아계신 우리 주 예수그리
스도의 이름으로 기도드립니다. 아멘.

1. 하나님을 신뢰하지만 전적으로 주님을 신뢰하지 못하는 삶의
   영역이 있나요?

2. 침묵과 기다림이 불안하게 느껴질 때, 그 이유는 무엇인가요?

3. 오늘 하루, 주님과 함께 머물기 위해 내려놓을 수 있는 것은
   무엇인가요?

7장 룻

이제 우리는 룻에게로 시선을 옮깁니다. 룻의 이야기는 우리가 앞서 살펴본 통제하려 했던 여인들의 모습과 분명한 대조를 이룹니다. 룻의 삶은 섬기는 마음이 무엇인지를 온전히 담아냅니다. 곧, 자기중심적인 이익보다 헌신을 선택하고, 두려움보다 신뢰를 선택한 한 여인의 삶입니다.

룻은 시어머니 나오미를 사랑했습니다. 그녀는

자발적으로 자신의 가족과 고향인 모압 땅, 그리고 익숙했던 모든 것을 떠나, 나오미를 따라 이스라엘로 가기를 선택했습니다. 또한 모압의 신들을 떠나, 나오미의 하나님, 곧 이스라엘의 하나님을 믿었습니다.

룻은 나오미에게 이렇게 고백하며 자신의 삶을 내려놓았습니다.

> "어머니의 백성이 나의 백성이 되고
> 어머니의 하나님이 나의 하나님이
> 되시리니"(룻 1:16)

하나님을 신뢰했기에, 나오미를 향한 룻의 섬김은 아름답고 희생적일 수 있었습니다. 룻의 마음의 동기와 귀한 성품은, 그녀가 자기 자신이 아닌 다른 사람을 위해 살아갈 때 분명히 드러났습니다. 룻은 진정으로 다른 사람을 자신보다 더 귀히 여겼던 여인이었습니다.

> "아무 일에든지 다툼이나 허영으로 하지 말
> 고 오직 겸손한 마음으로 각각 자기보다 남
> 을 낮게 여기고 각각 자기 일을 돌볼뿐더러
> 또한 각각 다른 사람들의 일을 돌보아 나의
> 기쁨을 충만하게 하라"(빌 2:3~4)

빌립보서 2장은 다른 사람을 이전과는 전혀 다른 시선으로 바라보도록 해주는 말씀입니다. 이 말씀으로 주님은 우리에게 섬기는 마음이 무엇인지, 곧 자신보다 다른 사람을 더 소중히 여기는 마음이 무엇인지 가르쳐 주십니다.

룻은 나오미를 돌보기 위해 자신의 고향과 익숙하고 편안한 생활을 내려놓음으로써 이 진리를 삶으로 보여 주었습니다. 그녀의 행동은 의무감이나 자기 이익에서 나온 것이 아니었습니다. 그것은 나오미의 필요를 자신의 필요보다 더 크게 여기는, 섬 김에서 비롯된 것이었습니다.

룻의 삶 속에서 우리는 빌립보서 2장이 살아 움직이는 모습을 봅니다. 그녀는 통제를 추구하는 여인이 아니라, 긍휼과 헌신, 그리고 조용한 강인함을 가진 여인이었습니다.

그녀의 겸손은 그녀를 작게 만들지 않았습니다. 오히려 그녀를 은혜와 구원의 자리로 이끌었습니다. 룻의 삶을 통해 하나님께서는 우리에게 한 가지 놀라운 삶의 방식을 보여주십니다. 그것은 다른 사람의 필요를 돌아볼 수 있는 자유입니다. 왜냐하면 우리의 필요는 주님께서 돌보고 계신다는 확신이 있기 때문입니다.

이 진리는 우리가 살아가는 이 세상의 문화와 정면으로 맞섭니다. 세상은 두려움 가운데, 먼저 자신의 필요를 챙겨야 한다는 거짓말을 끊임없이 강요하기 때문입니다. 그러나 하나님께서 우리를 얼마나 깊이 사랑하시는지를 알게 될수록, 우리는 룻의 본을 따를 수 있게 됩니다. 곧, 자신의 필요보다 다른 사람의 필요를 먼저 생각하고, 다른 이들을 진정으로 사랑하는 삶을 살게 됩니다.

> "우리가 사랑함은
> 그가 먼저 우리를 사랑하셨음이라"(요일 4:19)

하나님과 다른 사람을 진정으로 사랑할 수 있는 것은, 하나님께서 우리를 먼저 사랑하신 그 사랑의 결과입니다.

룻의 이야기를 계속 살펴보면, 과부가 된 그녀가 역시 과부였던 시어머니 나오미에게 자신의 삶을 기꺼이 내어 맡겼음을 보게 됩니다. 룻은 나오미가 고향 이스라엘로 돌아갈 때 함께 따라갔습니다. 그녀는 자신에게 가장 쉽고 편한 선택을 하지 않았습니다. 자신의 언어를 사용하고, 익숙한 종교와 관습을 지닌 자기 민족 가운데 머무르지 않았습니다.

룻이 떠나온 문화와 나오미와 함께 들어가게 될 문화 사이에는 분명한 차이가 있었습니다. 게다가 룻은 외모부터 달랐습니다. 그녀는 이스라엘 사회에 쉽게 섞일 수 없는 존재였습니다. 그럼에도 불구하고 그녀의 시선은 한 가지에만 머물러 있었습니다. 바로 시어머니 나오미의 안녕이었습니다. 룻의 성품은 참으로 본이 됩니다. 그녀는 자신보다 다른 사람을 더 사랑했습니다.

룻에게서 우리가 또 하나 발견하는 아름다운 성품은, 질문하지 않는 순종입니다.

(룻기의 아름답고도 로맨틱한 이야기 전체를 꼭 읽어 보기 바랍니다.)

이야기를 간단히 요약하면 이렇습니다. 추수 절기가 끝난 뒤, 나오미는 룻에게 타작마당으로 가서, 룻이 그동안 이삭을 주웠던 밭의 주인이었던 보아스가 잠들 때까지 기다리라고 말합니다. 그리고 그가 잠든 후, 조용히 그가 누운 곳으로 가서 그의 발치에 머물라고 합니다. 그리고 보아스가 깨어나면, 나오미와의 친족 관계를 상기시키며, 가문의 대속자로서 자신들을 도와 달라고 요청하라는 것이었습니다. 이 행동은 자칫하면 부도덕한 행동으로 비난받고, 일순간 그녀의 삶을 망칠 수도 있는 매우 위험한 일이었습니다.

이처럼 쉽지 않은 지시에 룻은 어떻게 반응했을까요? 룻기 3장 5절에서 우리는 그녀의 단순하고도 신실한 대답을 읽게 됩니다.

"어머니의 말씀대로 내가 다 행하리이다"

망설이며 이렇게 말하는 것이 어쩌면 더 자연스러웠을지도 모릅니다.

"네? 저는 어머니 말씀을 이해할 수가 없어요. 그러다 잘못되면 큰일이 날 수도 있어

요. 그 방법은 아닌 것 같아요. 다른 방법은
없을까요?"

그러나 룻은 나오미에게 질문하지 않았고, 다른
계획을 제안하지도 않았습니다.

성경 전반을 살펴보면, 하나님께서 자신의 백성
을 인간의 이해로는 도저히 설명할 수 없는 상황들
로 이끄시는 이야기들이 계속해서 등장합니다. 자
기 이해를 의지하는 것을 내려놓아야만 하는 순간
들 말입니다.

혹시 주님의 말씀을 통해 어떤 인도하심을 받았
을 때, 마음속에서 망설임이 올라온 적이 있나요?
그러나 우리는 하나님께서 약속하신 이 진리 안에
서 안심할 수 있습니다.

"내가 결코 너희를 버리지 아니하고
너희를 떠나지 아니하리라"(히 13:5)

이 두 과부는 아무런 세상적 안전망도 없는 극심한 가난 속에서 이스라엘로 들어왔습니다. 룻에게는 아무런 계획이 없었습니다. 그들이 도착한 첫날부터, 룻은 나오미의 지시를 신실하게 따랐습니다. 매일 밭으로 나가 추수꾼들 뒤에서 가난한 이들이 한 것처럼 이삭을 주웠습니다. 하나님께서는 어머니의 하나님을 나의 하나님으로 섬기겠다고 서약한 룻을 세밀히 돌보고 계셨습니다.

룻은 신뢰 가운데, 듣는 법을 알고 있었고, 순종하는 법을 알고 있었습니다.

나의 감정과 생각이 앞선 말을 멈추고, 나의 계획을 내려놓아야 한다는 것을 깨달게 될 때, 우리 삶에 큰 평안이 찾아올 수 있습니다.

"내 사랑하는 형제들아 너희가 알지니
사람마다 듣기는 속히 하고 말하기는
더디 하며 성내기도 더디 하라"(약 1:9)

이 말씀은 자신의 말이 자신의 안녕을 지키는 데 필수적이라고 믿는 우리에게 특히 더 어려울 수 있습니다.

덧붙이자면, 우리의 말이 다른 사람의 삶에 영향을 주는 데 꼭 필요하다는 잘못된 믿음이 우리에게 있을 수 있습니다. 우리가 말하지 않으면 그들이 변하지 않을 것이고, 더 나은 선택을 하지 못할 것이라고 생각합니다. 혹시 침묵하면, 그들이 자신의 선택이 괜찮다고 여길까 봐 두려워 반드시 말해야 한다고 느끼기도 합니다. 우리가 말하지 않으면 변화는 결코 일어나지 않을까봐 우리는 말하고 또 말합니다.

그러나 사랑하는 여러분,

진정한 변화를 일으키실 수 있는 분은 오직 하나님 한 분뿐임을 기억합시다.

창세기에서 우리는 이렇게 읽습니다.

하나님께서 말씀하시니 빛이 생겼습니다.

하나님께서 말씀하시니 나무들이 나타났습니다. 하나님께서 말씀하시니 새와 짐승들이 땅에 가득 찼습니다.

하나님께서 마리아에게 말씀하시니 예수님께서 아기의 몸으로 이 땅에 오셨습니다.

원수는 우리로 하여금, 오직 하나님만이 하실 수 있는 일을 우리가 해야 한다고 믿게 만들려고 합니다. 그러나 우리의 말은, 그 자체로는 아무것도 하지 못합니다. 성경은 오히려 말이 가져올 수 있는 해악에 대해 많은 경고를 하고 있습니다.

우리는 통제하려 했던 세 여인의 삶 속에서, 이 비극적인 성품의 결함을 이미 보았습니다. 그들은 자신이 반드시 말해야 한다고 여겼던 것들에 큰 확신을 두었고, 자신의 말에 지나치게 의존했습니다.

그러나 하나님은 오래 참으시는 분이십니다. 하

나님께서는 사람들이나 상황을 변화시키기 위해 우리가 자신의 말에 의존하는 삶에서 우리를 자유롭게 하시고, 그분께서 행하실 일을 놀라움으로 바라보길 원하십니다.

그렇다면 주님께서는 룻의 삶 속에서 무엇을 행하셨을까요?

나오미를 향한 룻의 섬김과 신실한 순종은, 그녀를 보아스와의 결혼으로 이끌었습니다. 그 결과 룻은 이스라엘 왕가의 계보 안에 들어가게 되었습니다. 그녀는 다윗 왕의 증조모가 되었고, 바로 이 계보를 통해 만왕의 왕이신 예수님께서 태어나셨습니다.

우리가 섬기는 마음, 곧 하나님을 신뢰하는 마음을 가질 때, 우리는 마침내 쉼을 누릴 수 있습니다. 그리고 우리가 상상조차 할 수 없는 복을 하나님께서 예비하고 계시며, 그것을 얻기 위해 애쓸 필요가 없습니다.

롯의 본을 따라, 하나님께서 우리를 위해 세우신 계획을 신뢰하며 기다리는 법을 배우고, 그 안에서 평안하기를 바랍니다.

이제 저는, 주님께서 우리의 눈을 열어 그분의 변함없는 사랑을 보게 하시고, 주님만이 우리가 신뢰할 수 있는 분이라는 걸 온전히 알게 되길. 그리고 그런 자들이 누릴 수 있는 쉼을 우리에게 허락해 주시기를 기도합니다.

> "너의 하나님 여호와가 너의 가운데에 계시니 그는 구원을 베푸실 전능자이시라 그가 너로 말미암아 기쁨을 이기지 못하시며 너를 잠잠히 사랑하시며 너로 말미암아 즐거이 부르며 기뻐하시리라 하리라"(습 3:17)

1. 7장 중에 가장 와닿은 곳에 밑줄을 그어보세요.
   왜 그 부분이 마음에 남았을까요?

2. 결과를 알 수 없어도 신뢰로 한 걸음을 내디딘 경험이 있나요?

3. 하나님께서 지금도 당신을 인도하고 계신다는 사실을 믿고
   있나요?

8장 사라

이제 우리는 사라에게로 시선을 옮겨보겠습니다. 사라는 룻과 마찬가지로, 자신의 소망을 하나님께 두었던 여인이었습니다. 베드로전서 3장 4~6절에서 주님께서는 참된 아름다움이 어디에서 오는지를 이렇게 말씀하십니다.

"오직 마음에 숨은 사람을 온유하고 안정한

심령의 썩지 아니할 것으로 하라 이는 하나
님 앞에 값진 것이니라 전에 하나님께 소망
을 두었던 거룩한 부녀들도 이와 같이 자기
남편에게 순종함으로 자기를 단장하였나니
사라가 아브라함을 주라 칭하여 순종한 것
같이 너희는 선을 행하고 아무 두려운 일에
도 놀라지 아니하면 그의 딸이 된 것이니라”

자비로우신 우리 아버지께서는, 우리의 삶 속에
두려움을 일으키는 많은 일들이 있다는 것을 잘
알고 계십니다. 그리고 감사하게도, 누가복음 1장
74~75절에서 우리는 하나님의 마음을 다시 한 번
만나게 됩니다.

“하나님은 우리를 원수의 손에서 건져 주시
고, 두려움 없이 그분을 섬길 수 있도록(곧
우리를 강하게 하시고 담대함을 주셔서) 하

십니다."

성경에서 우리는 아브라함 역시 룻처럼 순종에 있어 본이 되는 사람이었음을 봅니다. 그는 하나님께서 인도하시는 곳으로 가기 위해, 자신에게 익숙했던 모든 것에서 떠났습니다. 아브라함은 하나님을 향한 믿음으로 알 수 없는 길로 발걸음을 내디뎠습니다. 하나님께 선택받은 그는 '많은 민족의 조상'이라 불리는 사람이 되었습니다. 롬 4:17

그러나 그런 아브라함임에도 자신이 해를 당할까봐 두려워한 나머지 두 번이나, 아내를 이방 왕에게 넘기며 그녀를 아내가 아닌 누이라 했던 사실을 보게 됩니다. 사라는 그 상황에서 거절하거나 진실을 드러낼 수도 있었지만, 성경은 이렇게 전합니다. 그녀는,

"아브라함 주라 칭하며 순종하였다."

잠시, "주라 칭하였다"는 표현을 살펴볼 필요가 있습니다. 여기 사용된 '주'라는 단어는, 주권자이신 하나님을 가리킬 때 사용하는 '주'와는 전혀 다른 의미입니다. 베드로전서 3장에서 말하는 '주'는, 하나님으로부터 위임된 권위를 받은 사람을 가리킵니다. 마치 왕으로부터 맡겨진 일을 관리하는 청지기처럼, 궁극적인 권위는 왕에게 있고 그에 대해 책임을 지는 위치를 뜻합니다. 사라가 순종했던 그 '주 됨'은 문화적으로 위임된 권위였지, 절대적인 권위가 아니었습니다. 사라의 소망은 그 위에 계신 하나님의 궁극적인 권위에 있었습니다.

사라의 삶을 살펴보면, 몇 가지 참으로 아름다운 성품을 발견하게 됩니다. 베드로전서 3장 4절에 보면 그녀가 '조용한 영혼'을 지녔다고 말합니다.(영어 성경 'quiet spirit' 편집자주) 개인적인 경험을 통해 덧붙이자면, 여기서 말하는 '조용함'은 목소리의 크기와는 거의 관계가 없습니다.

저는 자녀양육의 초창기 시절, 성대 결절 수술을 받아야 했던 적이 있습니다. 수술 전, 의사는 수술 후 최소 2주 동안은 말을 전혀 하지 말고 목을 쉬어줘야 한다고 말했습니다. 그때 저는 세 살도 되지 않은 아이 둘을 키우고 있었습니다.

저는 그에게 물었습니다.

"뭐라고요?
아이를 키워 보신 적이 있으신가요?"

그의 대답은 이러했습니다.

"목소리를 쉬지 않으면 성대에 흉터가 남을 수 있고, 평생 목소리를 잃을 수도 있습니다."

그래서 저는 꼬박 두 주 동안, 단 한 마디도 할 수

없었습니다. 그러나 분명히 말씀드릴 수 있는 것은, 그동안 제 영은 전혀 조용하지 않았다는 사실입니다. 이 경험을 통해 저는 중요한 한 가지를 배웠습니다. 침묵과 조용함은 같은 것이 아니라는 점입니다.

'조용한 영혼'이란 '말의 부재'를 의미하지 않습니다. 그것은 신뢰에 관한 것입니다. 통제를 내려놓고, 하나님의 주권 안에서 안식함으로써 오는 내면의 고요함입니다.

사라는 이러한 조용함을 알고 있었습니다. 그녀의 평안은 아브라함의 결정에 대한 확신에서 나온 것이 아니었습니다. 그녀가 가진 조용한 영혼은, '하나님께 소망을 두었기' 때문에 가능했습니다. 그녀는 하나님의 변함없는 사랑과 궁극적인 권위를 신뢰했습니다. 베드로전서 3장이 묘사하듯, 그녀는 어떤 두려운 일에도 놀라지 않았습니다.

이것이 바로, 주님께서 보시기에 귀하다고 말씀하시는 아름다움입니다.

하나님 보시기에 귀한 마음

섬기는 마음을 지닌다는 것은, 조용한 마음을 지닌다는 뜻입니다. 그것은 불안해하거나 요구하거나 조종하려는 마음이 아니라, 하나님의 주권 안에 안전하게 쉬는 마음입니다. 주님을 신뢰하고, 그분의 인도하심을 기꺼이 기다리는 마음입니다. 자신과 다른 사람들을 향한 선하신 뜻을 믿고 기대와 순종으로 응답하는 마음입니다. 이것은 통제하려는 마음과는 정반대입니다.

조용한 마음은 감정이나 생각을 억누르는 것이 아닙니다. 겉으로 보이는 상황이 아무리 요동친다 해도, 오히려 사람을 온유하고 안정되게, 그리고 쉼 가운데 머물게 하는 깊은 내면의 신뢰를 드러냅니다. 그렇기에 조용한 마음은 하나님께 매우 귀한 것입니다.

베드로는 이렇게 표현합니다.

"오직 마음에 숨은 사람을 온유하고 안정한

심령의 썩지 아니할 것으로 하라

이는 하나님 앞에 값진 것이니라"_(벧전 3:4)

(NIV를 보면 "Instead, it should be that of your inner self, the unfading beauty of a gentle and quiet spirit, which is of great worth in God's sight." 변역하면 "오히려 하나님 보시기에 큰 가치가 있는 것은 외모가 아닙니다. 온유하고 조용한 영혼의 변치 않는 아름다움을 가진 내면입니다." _{편집자주})

하나님께서 아름답다고 여기시는 것은 썩지 않는 아름다움입니다. 그것은 나이가 든다고 사라지는 것이 아니며, 외적인 환경에 의해 좌우되지도 않습니다. 그것은 우리 안에 있는 영원한 생명에서 흘러나오는 아름다움입니다.

여기서 "값지다"라고 번역된 단어는, 마리아가 예

수님의 발에 부었던 값비싼 향유를 묘사할 때 사용된 것과 같은 헬라어입니다. 성경은 이 단어를, 희귀하고, 소중하며, 비교할 수 없는 가치를 지닌 것을 가리킬 때 사용합니다.

사라의 조용하고 신뢰하는 마음은 이처럼 하나님께 매우 귀한 것이었습니다. 베드로가 우리에게 사라를 본받으라고 권면하는 것이 결코 놀라운 일이 아닙니다. 마치 주님께서 이렇게 말씀하시는 것 같습니다.

"보아라, 이 여인은 내가 그녀를
사랑한다는 것을 아는 사람이구나.
나를 신뢰하며, 내가 인도하는 방식에 '예'
라고 말할 줄 아는 사람이구나.
자신의 영혼이 불안과 염려로 흔들리도록
내버려 두지 않는 사람이구나.
이것이 내게는 참으로 귀하다."

사랑하는 여러분, 저는 이런 마음을 지니고 싶습니다. 여러분도 그렇지 않으신가요?

그러나 조용하고 섬기는 마음은, 우리가 애써서 이루어 낼 수 있는 것이 아닙니다. 그것은 하나님을 신뢰하는 데서 비롯됩니다. 하나님이 선하시며, 주권자이시고, 모든 것을 다스리고 계신다는 사실을 믿는 데서 나옵니다.

안타깝게도 제 마음은 종종, 로마서 7장 15절에서 바울이 고백했던 그 갈등을 그대로 되풀이합니다. 그는 자신이 하고 싶어 하는 선한 일은 하지 못하고, 오히려 원하지 않는 일을 하고 있는 자신을 보며 괴로워했습니다. 저는 그 싸움을 잘 압니다.

그러나 감사하게도, 우리를 불쌍히 여기시는 하나님께서는 그 낙심의 자리에 우리를 그대로 두지 않으십니다. 하나님께서는 로마서 8장 1절에서 이렇게 우리를 격려하십니다.

"그러므로 이제 그리스도 예수 안에 있는 자
에게는 결코 정죄함이 없나니"

우리는 통제하려는 마음과 섬기려는 마음 사이에
서 벌어지는 내적 싸움 속에서, 스스로에게 실망하
거나 마음에 정죄를 안고 살아갈 필요가 없습니다.
그렇다고 해서, 그 싸움 속에 그대로 머물러 있어야
하는 것도 아닙니다.

바울은 오랜 시간 바르게 살기 위해 애썼지만 마
침내 이렇게 고백합니다.

"또한 모든 것을 해로 여김은 내 주 그리스
도 예수를 아는 지식이 가장 고상하기 때문
이라 내가 그를 위하여 모든 것을 잃어버리
고 배설물로 여김은…"(빌 3:8)

우리가 그분을 더 알수록, 우리는 그분을 더 신뢰

하게 됩니다. 그리고 그분을 더 신뢰할수록, 통제로 이끄는 두려움을 내려놓을 수 있습니다. 그리고 마침내 우리는 선하신 주인을 신뢰하고 섬기는 마음으로 쉼을 누릴 수 있게 됩니다.

예수님을 '알아 가는' 이 여정은, 우리의 남은 삶 전체에 걸쳐 계속될 것입니다.

사라는 온유하고 조용한 영혼을 지닌 여인이었습니다. 그녀의 마음에서 괴로움과 초조함은 사라졌습니다. 어떻게 그럴 수 있었을까요?

그녀가 하나님께 소망을 두었기 때문입니다. 사라는 자신의 소망을 아브라함에게 두지 않았고, 이방 왕의 자비에 두지도 않았습니다. 또한 노년에 이르러서는, 스스로 아이를 낳을 수 있는 자신의 능력에 소망을 두지도 않았습니다. 사라의 소망은 오직 하나님께 있었습니다.

만약 여러분이 아직 하나님을 잘 알지 못한다면, 이 놀라운 여정에 저와 함께하기를 초대하고 싶습니다. 그리고 앞을 보지 못하던 사람이 예수님께 말했던 것처럼, 이렇게 고백하길 바랍니다.

"보기를 원하나이다."

그분은 언제나 당신과 함께하십니다

성경을 통해 우리는 사라가 불의와 실망, 그리고 의심의 시간들을 지나왔다는 사실을 알게 됩니다. 그녀는 자신이 통제할 수 없는 상황들을 살아냈지만, 그 모든 과정 속에서 주님께서는 그녀에게 그분을 신뢰할 수 있다는 것, 그리고 두려움 없이 그분께 소망을 둘 수 있다는 것을 가르쳐 주셨습니다.

그리고 사라에게 신뢰를 가르치셨던 바로 그 주님께서, 오늘 우리의 어려움 속에서도 우리를 만나 주십니다.

예수님께서는 이 땅에서 우리가 힘겨운 일들을

겪게 될 것이라고 미리 말씀하셨습니다. 마음이 무너지는 일들, 때로는 깊은 상처와 트라우마로 남는 일들 말입니다. 우리의 삶은 정말 그렇습니다.

> "…세상에서는 너희가 환난을 당하나…"
>
> (요 16:33)

그러나 더 큰 진리가 있습니다. 그분은 한 번도 우리를 떠나신 적이 없으시며, 앞으로도 결코 떠나지 않으실 것입니다.

저는 어린 시절, 한 소녀가 결코 겪어서는 안 될 일들을 경험했습니다. 원수는 그것들을 통해 제 삶을 무너뜨리려 했습니다. 그러나 저는 무너지지 않았습니다. 왜냐하면 주님께서 거기 계셨기 때문입니다.

이제 와서 돌아보면, 그 모든 고통의 시간 동안 주님께서는 친히 저를 덮고 계셨다는 것을 알게 됩니다. 제게 닥친 모든 아픔은 먼저 그분을 통과했습니다. 십자가 위에서, 주님께서는 제 모든 고통과 수치, 두려움을 친히 감당하셨습니다. 십자가에서 죽으심으로, 주님께서는 저의 피난처가 되어주셨고 십자가 보혈로 보호하고 계셨습니다.

그래서 저는 이제 이 사실을 명백히 알고 살아갑니다.

"…사망이나 생명이나… 다른 어떤 피조물이라도 우리를 그리스도 예수 안에 있는 하나님의 사랑에서 끊을 수 없으리라"

(롬 8:38~39)

이 글을 읽고 계신 지금, 주님께서 한 번도 당신을 떠나신 적이 없었고, 앞으로도 결코 떠나지 않으실 것임을 당신이 진심으로 믿게 되기를 저는 기도합니다.

제 과거의 많은 일들은 저에게 깊은 상처를 남겼

고, 오랜 시간 동안 삶을 바라보고 이해하는 방식의 기초 자체를 무너뜨렸습니다. 그러나 주님께서는 저를 치유하셨습니다.

주님께서는 저의 내면 깊은 곳까지 내려가셔서, 오랫동안 제가 생각하고 살아왔던 그 '악한 길'을 새롭게 하시기 시작하셨습니다. 그리고 주님과 함께하는 '영원한 길'로 바꾸어 주셨습니다.

"하나님이여 나를 살피사 내 마음을 아시며 나를 시험하사 내 뜻을 아옵소서 내게 무슨 악한 행위가 있나 보시고 나를 영원한 길로 인도하소서"(시 139:23~24)

주님을 진정으로 사랑하고 섬기기 위해, 그리고 다른 사람들을 사랑하고 섬기기 위해 제게 필요했던 그 신뢰는 조금씩 자라기 시작했습니다.

그렇다면 저는 어떻게 그분을 신뢰하는 법을 배

우게 되었을까요?

예수님께서 저를 위해(온 세상을 위해) 십자가에서 무엇을 하셨는지에 대해, 하나님께서 새롭게 깨닫게 해주신 것이 저에게 그 시작점이 되었습니다.

예수님께서는 인류를 위해 십자가에서 모든 고통을 홀로 감당하셨습니다. 그분은 수치, 불의, 잔혹함을 느끼셨습니다. 저는 십자가 위에서 예수님께서 제가 겪어 왔던 모든 고통을 친히 경험하셨다는 사실을 보게 되었습니다. 그분은 저의 죄로 인해 제가 받아야 했던 형벌을 대신 받으셨을 뿐 아니라, 저에게 상처를 주었던 이들의 죄에 대한 형벌까지도 짊어지셨습니다.

원수는 우리 마음에 들어와, 이 구원의 진리를 혼란스럽게 만들어, 이해하지 못하게 하려고 합니다. 저는 지금 기도합니다. 하나님께서 원수를 잠잠하게 하셔서, 여러분이 진리를 듣고, 진리를 믿으며, 자신의 삶을 그분께 맡기고 온전히 내어드릴 수 있도록 말입니다.

우리는 통제의 헛됨을 내려놓고, 섬기는 삶의 방식으로 인도하시는 예수님을 따라 살아야 합니다. 그리고 그분께서 우리 삶에 보내 주시는 상처 입고 깨어진 사람들에게 이 진리를 전하는 것보다 더 큰 섬김은 없습니다. 그들에게 이 진리를 전해 주세요.

"예수님께서 당신을 사랑하시기에, 당신의 죄에 대한 형벌을 이미 치르셨습니다.
예수님께서 당신을 사랑하시기에, 당신의 깨어진 마음을 치유하기를 간절히 원하십니다.
예수님께서 당신을 사랑하시기에, 결코 당신을 떠나지 않으십니다.
예수님께서 당신을 너무나 사랑하시기에, 마침내 당신을 주님과 함께 영원히 살게 하실 것입니다."

저는 여러분 각자를 위해 기도합니다. 여러분의 마음이 주님을 깊고도 흔들림 없이 신뢰하고 사랑하게 되기를 바랍니다. 그리고 누가복음 1장에서 읽는 것처럼,

"우리가 원수의 손에서 건지심을 받고 종신토록 주의 앞에서 성결과 의로 두려움이 없이 섬기게 하리라 하셨도다"(눅 1:74~75)

여러분이 자신의 삶을 그분께 맡기고, 한 번도 여러분을 떠나신 적이 없는 하나님의 사랑 안에서 쉼을 누리게 되기를 기도합니다. 또한 주님께서 여러분을 그분의 마음 가까이로 이끄셔서, 두려움 없이 그분을 섬기는 기쁨을 알게 하시기를 기도합니다.

1. 당신은 사라처럼 조용한 영혼인가요?

2. 주님께서 함께하신다는 것을 절실히 느꼈던 사건이 있었나요?

3. 구원의 진리를 전해주고 싶은 사람이 있나요?
   당신이 하나님을 만난 어떤 경험을 함께 나누고 싶나요?

9장 나아만의 여종

여기에서 우리는 이름조차 기록되지 않은 한 어린 소녀를 만납니다. 성경에 잠깐 등장할 뿐이지만, 그녀의 특별한 섬김은 지금까지 우리의 본이 되고 있습니다.

그녀의 삶은 고난으로 점철되어 있었습니다. 이스라엘의 집에서 사로잡혀, 낯선 땅으로 끌려가 종으로 살아야 했습니다. 그러나 바로 이 낮은 자리에서, 우리는 그녀의 귀한 마음을 보게 됩니다. 섬기고 있던 사람들에게 신실하게 헌신하며, 자신의 하나님이 지니신 사랑과 주권 안에서 평안을 누리고 있는 모습입니다.

이 어린 소녀에게는 절망에 빠질 이유가 충분히 있었습니다. 두려움에 사로잡히고, 마음이 온통 상처뿐인 메마른 사람이 되기에 충분한 상황이었습니다. 그녀는 언어도 다르고 문화도 다른 사람들 사이에 둘러싸여 있었고, 자신이 알고 사랑하던 하나님을 예배하지 않는 이들 가운데서 살아야 했습니다.

그녀는 자신의 상황을 바꿀 수도 없었고, 스스로를 지킬 수도 없었습니다. 겉으로 보기에 그녀는 아무런 힘도 없는 존재였습니다. 그러나 섬기는 사람의 능력은 통제에 있지 않습니다. 그들의 능력은 신뢰에 있기에, 하나님은 언제나 선하시며 신실하신 분이라는 사실을 어린 소녀도 신뢰했습니다.

포로로 잡혀 있는 상황 속에서도, 그녀는 하나님께서 가까이 계시며, 자신의 삶을 통해 다른 이들에게 유익을 주실 수 있다고 믿었습니다. 그녀의 삶은, 이 책 전반에서 우리가 계속해서 보아 온 한 가지 진리를 생생하게 증명해 줍니다.

섬김의 사람은, 비록 스스로 바꿀 수 없는 환경 속에 있을지라도 자유롭습니다. 왜냐하면 그 마음의 평안이 자신의 처지에 있지 않고, 하나님께 속해 있기 때문입니다.

섬기는 마음의 긍휼

아람 군대의 장관이자 큰 용사였던 나아만은, 그

를 한계로 몰아넣는 병, 곧 나병에 걸리게 되었습니다. 어린 여종은 주인의 상태를 들었을 때, 싸늘한 반응을 보이지 않았습니다. 그녀의 반응은 '긍휼'이었습니다.

> "그의 여주인에게 이르되 우리 주인이 사마리아에 계신 선지자 앞에 계셨으면 좋겠나이다 그가 그 나병을 고치리이다 하는지라"
>
> (왕하 5:3)

이 소녀의 마음이 얼마나 아름다운지 보십시오. 그녀는 하나님을 향한 신뢰를 바탕으로, 하나님의 사랑의 마음으로 말했습니다. 겸손하고, 진실하며, 소망이 담긴 단 한 문장은, 나아만을 치유의 길로, 그리고 참되신 하나님을 알게 되는 길로 이끄는 도구가 되었습니다.

세상적인 영향력이라고는 전혀 없었던 이 어린

여종이, 하나님께서 한 가정을 완전히 다른 방향으로 이끌기 위해 사용하신 목소리가 되었습니다.

여기서 우리는 다시 한 번, 통제와 섬김의 분명한 대비를 봅니다.

통제는 자기 자신에게 집중합니다.

"이 문제를 내가 어떻게 해결할 수 있을까?"

그러나 섬김은 하나님께 집중합니다.

"하나님께서 여기서 무엇을 하시려는 걸까?"

섬기는 마음의 소망

이 소녀의 말을 읽어 보면, 원망이 아닌 소망만을

보게 됩니다.

그녀는 자신의 고통에도 불구하고, 포로로 잡혀온 이 부당한 현실 속에서도, 자신을 종으로 삼은 바로 그 가정 안에 하나님께서 치유를 가져오실 수 있다고 믿었습니다. 그녀는 자신에게 잘못을 행한 이들을 기꺼이 축복했습니다.

그녀의 삶은 예수님께서 가르치시고 몸소 보여주신 말씀을 그대로 반영합니다.

"너희 원수를 사랑하고 너희를 미워하는 사람들에게 친절을 베풀어라."(눅 6:27)

이 소녀의 이야기는 요셉이 애굽에서 포로 생활을 했던 때로부터 거의 천 년이 지난 후의 이야기지만, 두 사람의 삶 속에서 역사하신 하나님은 동일한 분이셨습니다. 요셉의 고백이 그녀의 삶 속에 살아 숨 쉬고 있습니다.

지위가 아닌 믿음에서 오는 영향력

나아만의 삶에 일어난 기적은, 세상이 결코 기억하지 않을 어린 여종이 던진 단 한 문장에서 시작되었습니다. 이것이 바로 하나님의 방식의 아름다움입니다. 하나님께서는 가장 작은 목소리를 들어 사용하시며, 그것을 통해 영원한 목적을 이루십니다.

우리는 흔히 영향력이 힘이나 권위, 혹은 통제에서 나온다고 생각합니다. 그러나 이 어린 소녀는 우리에게, 참된 영향력은 권력이 아니라 신실함에서 나온다는 사실을 가르쳐 줍니다. 통제하려는 마음은 끊임없이 요구합니다. 섬기는 마음은 어떤 상황에도 신뢰합니다. 하나님께서는 섬김을 통해 일하십니다.

아이와 같은 믿음

나아만과 그의 귀한 여종의 놀라운 이야기는 열왕기하 5장에 자세히 기록되어 있습니다. 그리고 거기에서 우리는, 나아만이 이스라엘의 선지자에게 순종한 결과를 보게 됩니다.

> "그의 살이 어린 아이의 살같이 회복되어 깨끗하게 되었더라"(왕하 5:14)

여기에는 참으로 아름다운 장면이 담겨 있습니다. 아이와 같은 믿음이 기적의 시작점이 되었을 때, 나아만은 육체적으로도 아이와 같이 되었습니다.

하나님께서는 작아 보이는 것을 기쁘게 사용하십니다. 하나님께서는 겸손한 자를 기쁘게 높이십니다. 하나님께서는 마음이 그분께 속한 섬기는 사람들을 통해 기쁘게 일하십니다.

그래서 이름조차 기록되지 않은 이 어린 소녀는, 우리에게 부드러운 스승이 됩니다.

그녀는 섬김이 결코 약함이 아님을 보여 줍니다. 그녀는 하나님께서 낮은 자를 분명히 보고 계심을 보여 줍니다. 그녀는 우리의 말이 통제에서가 아니라 믿음에서 나올 때 능력을 지닌다는 것을 보여 줍니다. 그녀는 삶이 힘겨울 때에도 하나님께서 함께 계심을 보여 줍니다. 그녀는 신뢰야말로 하나님의 역사를 초대하는 자세임을 보여 줍니다.

격려의 말

어쩌면 지금, 아무도 나를 돌보고 있지 않는 것 같다고 느끼고 있을지 모릅니다. 어쩌면 바꿀 수 없는 상황 속에서 무력함을 느끼고 있을지도 모릅니다. 어쩌면 내가 있어야 할 자리에서 한참 멀리 떨어져 있는 것처럼 느껴질 수도 있습니다.

이 어린 소녀의 이야기는 우리에게 이렇게 말해 줍니다.

당신은 결코 하나님의 손길이 닿지 않는 곳에 있지 않습니다. 당신은 결코 목적 없는 존재가 아닙니다. 당신은 하나님께서 사용하시기에 결코 너무 작은 사람이 아닙니다. 당신의 영향력은 당신의 위치에서 나오지 않습니다. 그것은 하나님을 신뢰하는 당신의 마음에서 나옵니다.

그녀처럼, 당신도 주변의 삶 속에 소망의 말을 전할 수 있습니다. 그녀처럼, 하나님의 사랑 안에서 평안을 누리는 마음으로 섬길 수 있습니다. 그녀처럼, 가장 도움이 필요한 자리에서 하나님의 긍휼의 빛을 비출 수 있습니다.

마음을 위한 질문

지금 당신의 삶에, 도무지 통제할 수 없다고 느껴

지는 상황이 있나요? 하나님께서 당신을 통해, 단순하지만 진실된 소망 또는 진리의 말을 전하고 싶어하시는 누군가가 있지는 않나요? 두려움이 아니라, 이 어린 여종이 지녔던 긍휼과 신뢰의 마음으로 응답할 준비가 되었나요?

이 시간, 우리가 손을 맞잡은 듯 간절히 함께 기도해 보길 바랍니다.

하늘에 계신 하나님 아버지,
제가 통제할 수 없는 상황 속에서도 주님을 전적으로 신뢰할 수 있도록 도와주세요. 주님의 사랑 안에서 평안을 누리고, 어려운 자리에서도 하나님의 사랑으로 말하고 섬길 수 있는 용기를 주세요.
나아만을 새 삶으로 이끈 어린 소녀처럼 오직 주님을 통해서만 가능한 온전한 치유와 소망을 다른 이들에게 전할 수 있길 기도

합니다.

주님, 저는 주님의 종입니다. 제 삶 가운데 주님의 뜻이 온전히 이루어지길 원합니다. 살아계신 우리 주 예수그리스도의 이름으로 기도드립니다. 아멘.

1. 가정에서 남편을 향한, 아이들을 향한 나의 섬김은 어떤 모습
인가요?

2. 누가복음 6장 27절 말씀을 실천해 본 적이 있나요?

3. 오늘 당신이 있는 자리에서 하나님께서 원하시는 작은 순종
은 무엇일까요?

결론

통제에서 섬김으로 : 신뢰의 길을 선택하기

이 책에서 우리는, 두려움이 마음에 자리 잡을 때 통제가 얼마나 쉽게 뿌리내리는지를 여러 여인들을 통해 보았습니다. 그들의 이야기는 애써 수고한 그 끝이 어디로 향하는지를 분명히 드러냈습니다. 곧, 지치고 좌절하고 우리가 결코 짊어지도록 하나님께서 만들지 않으신 무거운 짐이었습니다.

또한 우리는, 마음에 쉼을 얻은 여인들—주님을

신뢰함으로 자신을 내어드리고, 섬기며, 평안 가운데 걸어간 여인들—을 만났습니다. 그들 역시 불확실함과 상실, 위험 앞에 서 있었습니다. 스스로 통제할 수 없는 상황들이었습니다. 그러나 그들은 삶을 바꾸는 한 가지 진리를 발견했습니다. 하나님은 그 모든 두려움보다 훨씬 크고, 언제나 선하시며 변함없는 사랑으로 우리를 돌보시는 우리의 주인이시라는 사실입니다.

우리는 "나는 통제하고 있는가, 섬기고 있는가?"를 묻기보다, 더 깊은 질문을 자신에게 해야 합니다.

"나는 누구를 신뢰하고 있는가?"

통제가 우리의 주인이면, 우리는 두려워하고 움켜쥐며 요구하게 됩니다. 그러나 주님이 우리의 주인이시면, 우리는 쉼을 얻고, 귀 기울이며, 따르고,

섬기게 됩니다.

가정에서, 부부간에, 자녀양육에서, 친구 관계에서, 직장에서, 교회 봉사에서, 그리고 아무도 보지 않는 조용한 자리에서까지 모든 길에서 우리는 매일 선택을 하게 됩니다. 통제에 매달릴 것인가, 아니면 떨리는 손을 그분의 손에 맡기고 내려놓음의 평안을 발견할 것인가?

그러므로 이제, 사랑하는 여러분, 이 여정을 당신 자신의 이야기로 받아들이기 바랍니다. 두려움이 아직도 당신 주위에서 속삭이고 있나요?

오직 하나님만이 하실 수 있는 일을 당신이 지고 가느라 지쳐 있나요? 결과가 하나님께 속해 있음에도, 어떻게든 해결해보려고 애써 왔나요? 지금 하나님께서는 당신 삶의 어디에서 그분을 다시 신뢰하라고 말씀하고 계시나요?

우리의 삶을 바꾸는 기쁜 소식은 이것입니다. 당신은 지금 모습 그대로 하나님께 나아가 그분을 신뢰하기만 하면 됩니다. 우리가 함께 살펴본 책 속의 여인들과 동행하시며 그들의 삶을 세밀히 또 강력하게 인도하셨던 그 주님이, 바로 지금 당신을 보고 계시는 동일한 주님이십니다.

그분은 당신이 짊어져 온 모든 짐을 알고 계십니다. 그분은 당신이 통제하려 했던 이유를 알고 계십니다. 그리고 그분은 두려움이 아니라 사랑에서 비롯된 섬김의 자유, 그분의 임재 안에 있는 평안으로 당신을 초대하십니다.

마리아가 한때 속삭였던 그 고백이, 당신 마음의 고백이 되기를 바랍니다.

"주님, 저는 주님의 종이오니
말씀대로 제게 이루어지기를 원하나이다."

또한 그분께 모든 것을 맡길 때 주어지는 이 기적을 발견하게 되기를 바랍니다.

그분을 신뢰할 때, 더 이상 통제할 필요가 없습니다. 그분을 섬길 때, 그분은 쉼을 주십니다.

그분의 사랑을 받고, 그 사랑에 응답해 그분을 사랑할 때… 당신은 당신을 위해 창조된 바로 그 삶을 발견하게 됩니다.

지금, 그분께서 당신을 부르고 계십니다.

"나의 사랑, 나의 어여쁜 자야,
일어나서 나와 함께 가자."

너는 마음을 다하여 여호와를 신뢰하고

네 명철을 의지하지 말라

너는 범사에 그를 인정하라

그리하면 네 길을 지도하시리라

잠언 3:5~6

통제하는 삶에서 섬기는 삶으로

통제로 지친 삶에서 하나님이 주시는 평안으로

Am I Controlling or Serving?

Living free from the exhaustion of control

초판 발행   2026년 3월 20일

지은이   베벌리 브래들리
펴낸이   박진하
교정   성정선
표지디자인   신형기
편집   홍용선
펴낸곳   홈앤에듀

신고번호   제 379-2014-000041호
주소   경기도 성남시 수정구 탄리로80, 4층
전화   050-5504-5404
홈페이지   홈앤에듀 http://homenedu.com
패밀리   홈스쿨지원센터 http://homeschoolcenter.co.kr
아임홈스쿨러 http://www.imh.kr
아임홈스쿨러몰 http://imh.kr/shop
아임홈스쿨러 페이스북 http://facebook.com/imhkr

판권소유   홈앤에듀
ISBN   979-11-978007-9-5(03230)
값   14,000원